Discours et représentations grammaticales du Français Langue Étrangère

Champs didactiques plurilingues
"Échanges de la recherche"
Vol. 15

Fryni Kakoyianni-Doa et
Sofia Stratilaki-Klein (dir.)

Discours et représentations grammaticales du Français Langue Étrangère

Peter Lang

Lausanne - Berlin - Bruxelles - Chennai - New York - Oxford

Nos remerciements sincères vont à l'ensemble de nos contributeurs et à l'équipe de recherche Grammaire et contextualisations (GRAC) qui ont partagé avec nous leurs connaissances, leurs expériences et leurs communautés, et ont ainsi permis de présenter cet ouvrage.

Cette publication a fait l'objet d'une évaluation par les pairs.
Toute représentation ou reproduction intégrale ou partielle faite par quelque procédé que ce soit, sans le consentement de l'éditeur ou de ses ayants droit, est illicite.

© 2023, Peter Lang Group
Publié par Peter Lang Éditions scientifiques internationales - P.I.E. SA, Bruxelles, Belgique
www.peterlang.com ; info@peterlang.com

ISSN 2593-6972
ISBN 978-2-87574-757-0
ePDF 978-2-87574-758-7
ePub 978-2-87574-759-4
DOI 10.3726/b20355
D/2023/5678/62

Information bibliographique publiée par « Die Deutsche Bibliothek »

« Die Deutsche Bibliothek » répertorie cette publication dans la « Deutsche Nationalbibliografie » ; les données bibliographiques détaillées sont disponibles sur le site <http://dnb.ddb.de>.

Table des matières

Contributeur/rices 9

Discours et représentations grammaticales du Français
Langue Étrangère 11

PARTIE 1. SPÉCIFICITÉS DU DISCOURS DES ENSEIGNANTS EN LIEN AVEC LES REPRÉSENTATIONS DES APPRENANTS

Chapitre 1. Représentations de la grammaire : apprentissage
du FLE 19
MARIE-CHRISTINE FOUGEROUSE

Chapitre 2. Enseigner les références temporelles du français 35
SOFIA STRATILAKI-KLEIN

PARTIE 2. CARACTÉRISTIQUES DU DISCOURS ET DES DESCRIPTIONS PRÉSENTES DANS LES GRAMMAIRES FRANÇAISES

Chapitre 3. Quelle grammaire pour apprendre ? 57
JEAN-CLAUDE BEACCO

Chapitre 4. La *Modern French Grammar* 73
LEYRE RUIZ DE ZAROBE

PARTIE 3. ADAPTATION DU DISCOURS SUR LE VIF SELON LA LANGUE ET LES DIFFICULTÉS DES APPRENANTS

Chapitre 5. Enseigner autrement l'accord des verbes pronominaux 87
KARIMA GACI

Chapitre 6. Complétives en que, complétives réduites à l'infinitif 101
FRYNI KAKOYIANNI-DOA, MONIQUE MONVILLE-BURSTON ET DORA LOIZIDOU

Chapitre 7. Pronoms et dislocation : une grammaire qui s'entend 125
DANIEL LUZZATI

POSTFACE 141
HENRI BESSE

Inidex d'auteurs 159

Inidex de mots-clés 163

Contributeur/rices

Beacco Jean-Claude, Université Sorbonne Nouvelle.

Besse Henri, École Normale Supérieure de Lyon.

Fougerouse Marie-Christine, Université Jean Monnet Saint-Étienne.

Gaci Karima, University of Leeds.

Kakoyianni-Doa Fryni, University of Cyprus.

Loizidou Dora, University of Cyprus.

Luzzati Daniel, Le Mans Université.

Monville-Burston Monique, Cyprus University of Technology.

Ruiz de Zarobe Leyre, Université du Pays basque.

Stratilaki-Klein Sofia, Université Sorbonne Nouvelle et Université du Luxembourg.

Discours et représentations grammaticales du Français Langue Étrangère

Le discours des grammaires savantes ou pédagogiques, des enseignants mais aussi des apprenants a fait couler beaucoup d'encre (Besse et Porquier, 1984; Coste, 1995; Cuq, 1996; De Salins, 1996; Beacco, 2010). Quant aux différents colloques organisés ces dernières années en France, en Espagne, en Finlande et au Portugal, ils ont suscité, parmi les chercheurs en linguistique et didactique des langues, de grands débats. Ces débats ont fait toutefois émerger un accord de base concernant le phénomène entendu comme adaptation ou reformulation facilitante des descriptions dites savantes du français et de ses descriptions ordinaires en usage. Ces adaptations spécifiques sont, d'une part, le fait d'auteurs de grammaire partageant la langue première des apprenants et qui, particulièrement avertis par leur expérience d'enseignement des difficultés potentielles ou récurrentes de l'apprentissage de la langue cible, cherchent à rendre le discours grammatical plus accessible et plus opératoire en créant des variations par rapport à la norme métalinguistique, entendue ici comme pédagogisée du français des grammaires françaises. D'autre part, ces adaptations relèvent également du discours des enseignants, aussi bien avertis par leur expérience d'enseignement ou d'apprentissage de la langue à enseigner. Cette dernière est plutôt vue comme des créations individuelles ou représentations, avec des sur-descriptions qui ont une visée pratique de la langue, comme objet à traiter et à représenter (création de règles d'équivalence, changements terminologiques, descriptions conjointes, etc.). Les créations personnelles issues de l'expérience d'enseignement tendent à se détacher de la norme grammaticale des francophones natifs (dénommée grammaire de référence). Cet éloignement de la norme native porte notamment sur des catégories, des classes, des structures, des opérations et des relations utilisées pour décrire la/les langue(s) déjà connue(s) et acquise(s) par les apprenants ou leur langue maternelle.

L'ouvrage *Discours et représentations grammaticales du Français Langue Étrangère* regroupe sept articles sélectionnés suite au colloque international du même titre qui a eu lieu en juin 2018 à Nicosie (Chypre). Il réunit les résultats de recherches portant sur des formes particulières de descriptions, dites contextualisations de la description du français, caractérisées par le fait qu'elles se différencient de la pratique suivie dans le cas du français langue maternelle.

La première partie de l'ouvrage comprend deux articles qui sont consacrés à l'étude des représentations de la grammaire française que se font ses apprenants étrangers de la langue française. Marie-Christine Fougerouse a montré dans son article intitulé *Représentations de la grammaire : apprentissage du FLE* un intérêt particulier à la question durant son parcours de chercheur et son article s'inscrit dans un continuum d'enquêtes qualitatives auprès d'enseignants et d'apprenants en FLE pour appréhender les représentations de la grammaire dans la classe de langue au XXIème siècle. Dans son article, l'auteure analyse les représentations des apprenants des niveaux A1 à C2 en contexte allophone et présente les points de vue de 140 apprenants quant à leur appropriation de la grammaire en classe de langue qui déclarent que l'enseignement de la langue française est très grammaticalisé. Cette auteure affirme que l'étude de la grammaire du côté des apprenants occupe une place importante dans l'enseignement de la langue. Et -constat intéressant- elle remarque que, dans le sillage de son travail sur les représentations, les enseignants ont tenté de produire leurs propres ressources à partir de manuels existants ou en didactisant des supports authentiques.

Sofia Stratilaki-Klein, dans son article intitulé *Enseigner les références temporelles du français*, se penche sur le cas des valeurs portées par le passé composé et par l'imparfait en langue française pour les apprenants germanophones de niveau A2 et B1. Cette étude se situe dans la continuité de ses travaux antérieurs sur le passé (Kalmbach / Stratilaki-Klein, 2018), où l'auteure a analysé la description du passé dans les grammaires allemandes et les modes d'expression du passé dans le récit. L'auteure repère des contextualisations grammaticales effectuées par les enseignants sur des faits de grammaire française qui n'existent pas en langue allemande en montrant que le critère principal pour sélectionner le passé composé ou l'imparfait est fondé sur le mode d'action, de type duratif, du verbe analysé.

La deuxième partie du volume comprend deux articles qui traitent du discours et de la description grammaticale du français dans les divers ouvrages pédagogiques utilisés pour enseigner le FLE (grammaires et manuels, ouvrages internes aux établissements d'enseignement du français). Jean-Claude Beacco déclare que les grammaires utilisées pour le français, qu'elles soient de référence ou pédagogiques, ont tendance à proposer une description exhaustive, variable et indifférenciée de la langue. Or, pour un apprentissage destiné à favoriser une approche métalinguistique réflexive, il faut faire des choix. Cette sélection peut s'effectuer en fonction du type lexical traité dans ces ouvrages et privilégier les phénomènes grammaticaux qui peuvent être sélectionnés en fonction de la compétence de communication concernée ou encore en fonction des langues en contact et des fautes attribuées à des « interférences ». Jean-Claude Beacco promeut une forme de « néo-comparatisme », tel qu'il est pratiqué par les membres du Réseau *Grammaires et contextualisation (GreC)*, qui prend appui sur l'analyse des descriptions du français « inventées » par les enseignants en fonction de la langue première de leurs apprenants. En d'autres termes, une « grammaire allégée et sélective ».

Leyre Ruiz de Zarobe se tourne vers une problématique concernant les divers procédés traitant du concept grammatical de la *request* ou autrement dit la *demande* dans la grammaire anglophone *Modern French Grammar*. L'auteure, montre par des exemples tirés de la méthode que les auteurs de la *Modern French Grammar* mettent l'accent sur le niveau formel de la langue, correspondant aux représentations que les Britanniques se font du français même si elles déclarent faire des choix relevant des formes de la communication verbale. En ce sens, le discours grammatical est contextualisé car les auteurs veillent à traiter des structures qui posent généralement des difficultés aux apprenants anglophones et font obstacle à une bonne compréhension des réalisations linguistiques proposées dans le but d'illustrer les diverses fonctions de la langue.

La troisième partie de l'ouvrage comprend trois articles consacrés aux difficultés grammaticales des apprenants non natifs. Les discours grammaticaux sont ainsi saisis sur le vif et adoptent une approche d'inspiration contrastive analysant les interférences éventuelles que l'on peut déceler dans la langue des apprenants.

Karima Gaci se concentre sur la question de l'accord du participe passé des verbes pronominaux qui est une difficulté considérable pour les locuteurs anglophones. Le parcours éducatif et la L1 des apprenants intensifient davantage cette difficulté. L'auteure de l'article adopte plutôt une approche pédagogique allant à l'encontre de cette perception. Pour en faciliter la compréhension l'auteure présente des dessins facilitateurs qui pourraient constituer une nouvelle forme de discours grammatical. Ces dessins offrent un nouveau regard sur une difficulté a priori insurmontable, une prise de distance par rapport au discours grammatical traditionnel. Mais suivant l'auteure, cette approche a aussi ses limites. Pour les verbes pronominaux à sens passif ou les verbes essentiellement pronominaux, la schématisation semble impossible.

Fryni Kakoyianni-Doa, Monique Monville-Burston et Dora Loizidou examinent les difficultés rencontrées par les apprenants chypriotes hellénophones dans la syntaxe de certaines complétives du français réduites à l'infinitif. Les résultats ont prouvé que les apprenants ont fixé dans leur interlangue des règles diffusées dans les grammaires ordinaires, données de façon intégrale, tronquée ou incomplète. Les auteures concluent toutefois que l'étude a montré qu'enseignants et grammaires locales pourraient aider les apprenants à dissiper ces sortes de représentations bancales.

Daniel Luzzati nous invite à réfléchir sur les difficultés de la grammaire de l'oral. Il donne ainsi l'exemple de certaines parties du discours non audible de la grammaire, telles que les homophones ou le pluriel de certains mots. Si l'on s'efforce de mettre en évidence la part audible de la grammaire, une des premières choses qui apparaît est le fonctionnement des pronoms, avec deux phénomènes diversement sonores : l'alternance casuelle et l'opposition formes clitiques/toniques. Dans *moi, je le lui dis*, les trois pronoms clitiques inscrivent leur fonction dans leur morphologie orale, et *moi* introduit par rapport à *je* une dissociation entre le thème et sa fonction grammaticale, en même temps qu'il fait entendre à coup sûr la personne verbale, dans un contexte où le clitique sujet s'estompe bien souvent (moi, je lui dis prononcé /mwaʒɥidi/ par exemple). D'une part, la « dislocation » va de pair avec l'émergence de clitiques ; d'autre part, les formes usuelles des énoncés oraux spontanés privilégient les différentes formes de clivage. Les deux phénomènes conjugués induisent une forte grammaticalisation de ce qui s'entend. En somme, Daniel Luzzati nous invite à explorer aussi les discours pour faire entendre la grammaire et pallier les différences entre phonie et graphie. Comme dirait Jean-Claude Beacco « une autre forme de focalisation sélective des faits de langue à privilégier dans des activités réflexives ».

Pour conclure, tous ces articles, qu'ils portent sur les représentations des enseignants et apprenants, le discours des grammaires ou les difficultés récurrentes, traitent de la grande question de l'acquisition de la grammaire d'une langue étrangère : d'une part l'importance accordée à l'étude précise des diverses représentations et du discours des grammaires ; d'autre part, à la collecte de difficultés récurrentes, qui permettent de fonder la recherche sur la réalité des usages linguistiques. Tous ces fructueux travaux sont la preuve encourageante qu'une pléiade de chercheurs contribue à l'enrichissement de la réflexion sur la question et notamment sur les formes particulières de descriptions du français, dites « contextualisations », souvent différenciées des exemples proposés par les grammaires visant les apprenants natifs. Ces travaux pourraient conduire à la production de manuels et de grammaires spécifiquement adaptés à des apprenants allophones qui seraient préférés aux ouvrages généralistes publiés en France et destinés à être utilisés mondialement.

Nous souhaitons ici vivement remercier l'Université de Chypre qui a contribué à la réalisation matérielle du présent volume. Nous tenons enfin à exprimer toute notre gratitude aux membres du Comité scientifique de l'ouvrage *Discours et représentations grammaticales du Français Langue Étrangère* qui ont évalué les articles. Nous remercions enfin Raphaële Fouillet, Margarita Karsouma et Pierre Aurelien Bonnefous pour la relecture du présent volume.

Références

Beacco, Jean-Claude, 2010, *Didactique de la grammaire dans l'enseignement du français et des langues*. Paris : Didier.

Besse, Henri & Porquier, Rémy, 1984, *Grammaires et didactique des langues*. Paris : CREDIF, Hatier-Didier.

De Salins, Geneviève-Dominique, 1996, *Grammaire pour l'enseignement/apprentissage du FLE*. Paris : Hatier-Didier.

Kalmbach, Jean-Michel & Stratilaki-Klein, Sofia, 2018, « Quelles grammaires du français pour les allophones ? », *L'Information Grammaticale* 157.

PARTIE 1.

SPÉCIFICITÉS DU DISCOURS DES ENSEIGNANTS EN LIEN AVEC LES REPRÉSENTATIONS DES APPRENANTS

Chapitre 1.
Représentations de la grammaire : apprentissage du FLE

Marie-Christine Fougerouse

Introduction

Parmi les compétences en langue, la grammaire occupe une place prépondérante dans l'enseignement/apprentissage et de nombreuses études lui sont consacrées (Besse & Porquier, 1984 ; Coste, 1995 ; Cuq, 1996 ; De Salins, 1996 ; Beacco, 2010). Cet intérêt m'a toujours interrogée depuis ma pratique d'enseignante dans les années 1990 jusqu'à mon parcours de chercheur actuel. La présente contribution s'inscrit ainsi dans un continuum. J'ai mené des enquêtes qualitatives auprès des enseignants et des apprenants en français langue étrangère (FLE) pour appréhender les représentations de la grammaire dans la classe de langue au XXIe siècle. Dans une première étude exploratoire (Fougerouse, 2018), il ressortait des progrès significatifs en grammaire depuis que l'approche actionnelle s'est imposée dans l'enseignement-apprentissage des langues. J'ai ensuite approfondi les recherches du côté des enseignants (Fougerouse, 2019). Étudier la grammaire du côté des apprenants s'avère complexe et requiert une prise en compte des niveaux de A1 à C2, tels que définis dans le *Cadre européen commun de référence pour les langues* (CECRL). La présente étude repose sur l'analyse des représentations des apprenants de chaque niveau quant à leur appropriation de la grammaire en classe de langue en contexte allophone.

Après une présentation du questionnaire et du panel d'étude, j'étudierai les ressources, la méthodologie et les points de vue des apprenants sur l'enseignement de la grammaire dans leur apprentissage.

1.1. La délimitation du champ d'étude

Afin de mener à bien le projet de recherche, un questionnaire standardisé comportant dix-neuf questions a été élaboré et renseigné par cent quarante apprenants des niveaux A1 à C2, répartis dans quatre centres de langues[1], entre juin 2016 et avril 2018.

1.1.1. Le questionnaire

Le questionnaire (cf. annexe) a été conçu pour faire émerger les représentations des apprenants sur l'enseignement de la grammaire en classe de FLE au sein de groupes de niveaux en contexte allophone semi-intensif. Passées les deux premières questions centrées sur l'identité et le capital scolaire, la suite est orientée sur les outils didactiques et les pratiques méthodologiques du point de vue des apprenants. Le questionnaire est identique quel que soit le niveau, ce qui induit une formulation simple et un nombre limité de questions ouvertes. Comme « les réponses dépendent, en partie, de la forme des questions » (De Singly, 2016), il est primordial de soigner la formulation pour que le répondant concentre l'effort cognitif sur sa réponse sachant que la langue utilisée, le français, est à la fois outil médium et objet d'apprentissage. L'option retenue pour la majorité des questions a été de proposer des items indicatifs à choisir avec la possibilité d'ajouter des éléments si nécessaire. Ce mode d'interrogation apparenté au QCM présente l'avantage de recueillir des données en un temps de passation limitée, où l'apprenant expert de son parcours se concentre sur la compétence grammaticale, exercice qui lui est peu familier. Les interrogations s'adressent directement aux répondants en des termes précis, clairs et concis pour favoriser la réflexion. Pour être compris, le chercheur spécialiste de son domaine doit faire un effort de vulgarisation tout en conservant une rigueur scientifique. En tenant compte de cet ensemble d'exigences, l'outil informatif ira au plus près des représentations des publics ciblés.

Les questions ne suivent pas rigoureusement l'ordre de la présente étude. Avant d'être distribué, l'outil a été testé et retouché. Le temps de passation est estimé à une trentaine de minutes.

---

[1] Le CMA Mairie de Paris ; le CAREL à Royan ; i-FLE à Nantes ; l'ILCF à Lyon.

1.1.2. Les apprenants

Faire le choix d'étendre le questionnaire à un échantillon représentatif de A1 à C2 demande une organisation et de nombreuses prises de contacts. La première étude exploratoire (Fougerouse, 2018) se limitait à vingt-cinq étudiants utilisateurs indépendants, de niveaux B1 et B2, d'où il ressortait une forte imprégnation grammaticale avec des divergences selon le niveau. La finalité est ici d'approfondir les représentations des apprenants pour mieux cerner la grammaire à chacun des niveaux. Quatre écoles de langues m'ont autorisée à entrer en relation avec les enseignants et à distribuer le questionnaire dans quatorze groupes différents. La répartition numérique n'est pas rigoureusement identique pour chacun des utilisateurs A, B et C, car il était difficile de prévoir en amont le nombre exact de participants dans la mesure où la participation était basée sur le volontariat. L'effectif modeste au niveau C2 s'explique par le nombre restreint de groupes de ce niveau en contexte allophone où les apprenants se perfectionnent en auto-apprentissage. Pour chaque groupe, après une présentation du projet, le questionnaire était distribué et rempli *in situ*, avec des explications si nécessaire.

Le tableau ci-dessous présente une synthèse des publics interrogés :

	A1	A2	B1	B2	C1	C2
Nombre	26	28	23	23	25	15
Sexe	10H/16F	11H/17F	6H/17F	7H/16F	3H/22F	3H/12F
âge moyen	33	31	31	30	34	27
Nationalités	19	21	16	16	18	10
Langues romanes	13 (50 %)	8 (28,5 %)	10 (43 %)	11 (48 %)	9 (36 %)	5 (33 %)

Il ressort que la langue française attire un public majoritairement féminin, âgé d'une trentaine d'années, donc engagé dans des parcours de vie où il est requis de communiquer en français à l'oral et/ou à l'écrit. La diversité des nationalités dans les groupes reflète un brassage culturel et linguistique propice à l'interculturalité avec le français comme moyen d'échange au sein d'une communauté métissée. La présence massive d'apprenants de langues romanes (56 sur 140, soit 40 %) crée un contexte d'études facilitant, eu égard à la proximité des idiomes.

Avant la présente expérience d'apprentissage, plus de sept enquêtés sur dix ont un niveau d'études supérieures, ce qui suppose des habitudes d'apprentissage, une gestion du temps et une capacité à l'abstraction liée à leur propre « passé grammatical ». Ce public fait le choix de suivre des cours pour perfectionner son niveau et acquérir une certaine aisance en communication. Ces apprenants sont exigeants quant à leurs attentes et à leurs objectifs ; l'enseignant responsable et animateur tente de répondre au mieux dans le cadre d'un cours collectif. Le panel interrogé a déjà une expérience d'apprentissage du français dans son pays et/ou en France. Celle-ci varie de un mois à huit ans, sans précision quant aux contextes.

1.2. Les ressources

Durant leur parcours, les apprenants interrogés ont pu utiliser des ressources variées pour apprendre le français. Les investigations se limitent aux méthodes (dans le sens de manuel)[2], exercices et grammaires utilisés dans leur apprentissage actuel en classe et aussi après le cours, pour comprendre les stratégies mises en œuvre en contexte allophone, situation facilitante. La méthode et les choix d'entraînement grammatical en classe relèvent de l'enseignant alors que les cahiers d'exercices et les grammaires hors du cours sont à l'initiative des apprenants. Il importe de voir si le niveau peut influencer les choix.

1.2.1. Les méthodes et les explications grammaticales

« Les méthodes de FLE se présentent sous la forme d'un ensemble d'activités d'apprentissage/ perfectionnement dont l'objectif est de permettre à l'apprenant d'acquérir en tout ou partie une compétence dans une langue qui lui est initialement étrangère » (Vigner, 1995). Cinq ensembles pédagogiques[3] ont été retenus, mais les répondants avaient la possibilité d'en mentionner d'autres en conformité avec ce qui était réellement utilisé en classe. Il se dégage une évolution : des niveaux A1 à B1, le manuel représente le support privilégié en classe alors qu'à partir du niveau B2 peu de groupes utilisent une méthode de FLE unique. En effet, le matériel constitué est moins nombreux, voire inexistant en C2. Le

---

[2] Le terme « méthode » est employé ici comme synonyme de « manuel ».
[3] *Version originale, Rond Point, Alter ego, Saison, Écho.*

manuel le plus utilisé est *Alter ego* (30 % des répondants) puis *Le Nouveau Taxi* (12 %), *Édito* (7 %) et *Tendances* (6 %). À partir du niveau B2, les enseignants produisent leurs propres ressources à partir de l'existant ou en didactisant des supports authentiques. Dans les manuels, les apprenants déclarent trouver les explications grammaticales claires et adaptées, ce qui témoigne de l'investissement des auteurs pour réaliser des transpositions didactiques transparentes pour un public diversifié. Toutefois, un nombre significatif de répondants estiment que les explications livresques gagnent à être complétées par le professeur. Une utilisation en auto-apprentissage relève de l'exception, preuve qu'un apprentissage en groupe en institution est propice au développement des compétences. Le XXIe siècle n'a vu disparaître ni le manuel ni l'enseignant.

1.2.2. Les exercices et les grammaires

Pour connaître les exercices les plus pratiqués en classe, une liste d'une douzaine d'exercices types était proposée allant du plus minimaliste (l'exercice lacunaire, dit souvent « à trous ») au plus élaboré (le résumé)[4]. Comme le remarque Beacco (2010), « [...] les typologies des exercices de grammaire [...] demeurent pratiquement inchangées » depuis une trentaine d'années. L'étude d'un fait de langue au plan grammatical sollicite la compréhension, la production ou encore la réflexion métalinguistique. Tous les types d'exercices proposés sont pratiqués en classe, à l'exception des QCM en C2. L'exercice phare, tous niveaux confondus, est l'exercice lacunaire qui consiste à remplir un espace dans une chaîne syntaxique organisée. La nature de l'élément manquant diffère selon les niveaux et conduit à une réflexion, guidée ou non par des indicateurs. Cet exercice simple en apparence, à consigne minimaliste, est très présent dans les cahiers d'exercices, ce qui se reflète naturellement dans les réponses des apprenants. Ensuite, les phrases à compléter sont un exercice récurrent de A1 à B2, suivi de la transformation selon un modèle qui se retrouve jusqu'en C2. Les variations syntaxiques créent des automatismes pour stimuler la créativité lors des tâches. Le résumé et la production à partir d'un support sont peu pratiqués en classe ; ils se font après le cours, eu égard au temps de préparation. Les jeux sont présents à tous les niveaux. Cette activité collective, associée à la détente et au plaisir, stimule l'apprentissage et favorise la spontanéité dans un cadre

---

[4] Le CECRL en retient huit.

défini. Le travail sur la langue prend des formes adaptées aux niveaux, sachant qu'un même exercice est modulable à tous les niveaux, comme en témoigne la fréquence élevée des exercices lacunaires.

Sur initiative individuelle, hors du cours, 80 % des apprenants en A1 utilisent des cahiers d'exercices indépendants ou ceux de la méthode. Ils consolident leurs connaissances alors qu'en A2, ils ne sont que 35 % à faire davantage d'exercices. En B1, les trois quarts des répondants complètent leur apprentissage hors du cours. De B2 à C2, la pratique de l'exercice après le cours va décroissante ; faire des exercices supplémentaires ne garantit pas un emploi réussi dans la communication pour des apprenants déjà entraînés depuis le niveau A1.

Quant aux grammaires consultées après le cours, aux niveaux A, sept apprenants sur dix approfondissent leurs connaissances avec des cahiers d'explications/exercices, Internet et des grammaires en langue maternelle. Ils utilisent des outils qui leur semblent appropriés ; les grammaires de référence en langue cible leur étant encore peu accessibles. 60 % des B2 diversifient leurs ressources et utilisent des ouvrages variés, Internet et des grammaires en langue maternelle. En C1, plus de la moitié font usage d'ouvrages variés pour perfectionner leur pratique linguistique alors qu'en C2 peu consultent des grammaires en plus du cours. À partir du niveau B2, les apprenants organisent leur parcours de façon autonome, car ils ont les compétences pour décoder des explications dans/sur la langue cible.

Qu'il s'agisse des manuels, des cahiers d'exercices ou des grammaires, les ressources disponibles sont nombreuses. Les choix délibérés des apprenants adultes reflètent une bonne connaissance des ressources en lien avec leurs objectifs ; la centration sur la grammaire n'est qu'un aspect de l'apprentissage. Les usages divergent selon les niveaux.

1.3. La grammaire dans la classe

Nous avons voulu connaître la méthodologie mise en place dans la classe de FLE pour introduire un point de langue, l'étudier, l'expliquer puis l'évaluer du point de vue de la réception chez les apprenants. Ces derniers n'étant pas des linguistes, des éléments de guidage étaient proposés pour mettre en mots les pratiques enseignantes. Deux questions, l'une ouverte sur les tâches et l'autre à items sur les stratégies de compréhension, complètent l'information.

1.3.1. Les étapes de la méthodologie grammaticale

La grammaire fait partie intégrante d'un cours de FLE. En A1, le professeur détaille un point de grammaire à chaque cours, ce qui est rassurant pour des apprenants de faible niveau qui acquièrent la langue française pas à pas. Dans la suite de l'apprentissage, la fréquence est moins figée. En A2, les points sont abordés surtout au fil de la leçon. En B1, l'enseignant répond aux demandes du groupe et détaille un point à chaque cours. La prise en compte du public est adaptée au suivi du programme. Au niveau B2, détailler un point à chaque cours prime, mais des éléments sont aussi vus au fil de la leçon ou à la demande, en fonction des erreurs. À ce niveau, des variations sont envisageables. Cette pratique est accentuée en C1 et C2, où les choix des enseignants reposent sur les difficultés et les besoins de ce public exigeant qui possède des compétences expertes. La fréquence est liée au niveau ; les besoins ne sont pas identiques en début, en milieu ou en fin de parcours.

Lors de l'étude d'un point de grammaire, quelle qu'en soit la fréquence, des niveaux A1 à B1, la dominante méthodologique est de laisser réfléchir les apprenants à l'élaboration de leur propre règle. Ainsi, ils élaborent progressivement leur perception du système de la langue cible et parviennent à mieux l'intégrer, ce qui développe l'autonomie. À ces niveaux, un processus déductif s'avère contre-productif. En sollicitant la réflexion grammaticale dès le début de l'apprentissage, l'étudiant intègre qu'il est lui aussi capable de déduire des lois sur le système de la langue cible. Cette stratégie est apparentée à des exercices de conceptualisation (Besse, 1974). À partir du niveau B2, les enseignants ont tendance à donner l'information complète sur un point de langue, accompagnée parfois d'une réflexion collective. Arrivés à ces niveaux, les apprenants approfondissent leur compétence grammaticale sur des points déjà étudiés ; le temps gagné permet alors de se concentrer sur d'autres activités. Rappelons qu'en FLE, la règle a été au centre de débats méthodologiques (Besse & Porquier, 1984) ; le panel de l'étude montre des variations qui sont désormais intégrées.

Parler sur la langue pour l'expliquer en classe présuppose un vocabulaire spécifique, ou métalangage, qui peut être plus ou moins traditionnel selon les choix des enseignants, lesquels reposent sur leur formation (De Salins, 1996). Pour savoir comment les apprenants le percevaient, le terme permettant de qualifier le métalangage utilisé en classe était exemplifié et expliqué. À cette question, tous ont répondu que l'explication métalinguistique est « traditionnelle ». Ce vocabulaire de spécialiste est compris le plus souvent, voire toujours, quel que soit le niveau. Dans ce contexte, proposer d'autres explications serait peu judicieux. Beaucoup d'étudiants ont une langue romane comme langue première et un niveau d'études supérieures. Cet habitus favorise la compréhension de données descriptives complexes. Sans nul doute, un public au profil différent aurait fourni des réponses plus nuancées.

Chaque apprenant doit pouvoir mesurer ses progrès en langue, progrès qui ne relèvent pas exclusivement de la grammaire. Dans le cadre d'un apprentissage non-captif, une liberté est laissée aux centres de langues qui proposent des certifications officielles et/ou des tests sur mesure. En A1, la grammaire est évaluée par des tests réguliers et des productions écrites et orales. Pour tous les autres niveaux, la grammaire est avant tout évaluée dans des productions écrites et/ou orales. Les tests réguliers pendant le cours, l'évaluation entre pairs et l'autoévaluation sont peu pratiqués pour estimer le degré de maîtrise grammaticale ; en milieu institutionnel, les apprenants s'en remettent à un regard extérieur. Les étudiants en contexte allophone sont peu attirés par les certifications officielles (DELF, DALF, TCF, TEF) ; ils ont l'occasion de tester leur niveau dans leur vie quotidienne. Valider un niveau par une certification reconnue n'est pas une priorité et la grammaire n'est qu'une composante parmi d'autres.

Pour enseigner la grammaire, les professeurs élaborent des démarches adaptées à leurs groupes, où se retrouvent une réflexion sur la langue, un métalangage traditionnel et des procédures d'évaluation flexibles.

1.3.2. L'approche actionnelle et les stratégies

L'approche actionnelle a mis en avant la valorisation des tâches (*micro* et *macro*) pour développer des espaces de production construits faisant appel à l'ensemble des compétences. Les apprenants ont répondu sur le rôle de la grammaire dans les tâches, après une explication orale de ce en quoi consistent les tâches en classe. En A1, un peu plus de la moitié a répondu de façon très généraliste. La grammaire sert à mieux parler, se faire comprendre dans la vie quotidienne et le travail, et aussi à connaître les temps grammaticaux. En début de parcours, les apprenants constatent des manques hors de la classe et ils perçoivent la maîtrise de la grammaire comme une source de progrès. En A2, plus d'un tiers met en avant l'utilité de la grammaire pour la vie quotidienne, la communication orale et l'apprentissage des conjugaisons verbales. À partir du niveau B1, hormis pour l'oral, la grammaire est mise en avant pour l'écrit, la compréhension du système de la langue et la correction des erreurs. Les apprenants s'expriment sur des thèmes de plus en plus variés. Chaque niveau interprète l'utilité de la grammaire selon ses besoins et a répondu en fonction de son interprétation du mot « tâche ».

En classe de langue, chaque apprenant intègre la grammaire dans son système en construction selon ses propres stratégies. Une question avec items indicateurs est proposée. Les répondants utilisent en moyenne deux stratégies, ce qui reflète la diversité des pratiques. Jusqu'au niveau B1, la stratégie dominante pour la compréhension grammaticale est l'explication du professeur, ce qui montre l'intérêt de suivre un cours en institution. L'enseignant est formé à « la didactisation » (Fouillet, 2018) des discours savants pour les rendre accessibles à ses groupes. Pour ces mêmes niveaux, l'explication des manuels rencontre un écho modéré pour comprendre la grammaire. La comparaison avec la langue maternelle ou des langues connues ne constitue pas une stratégie essentielle ; l'intercompréhension est peu pratiquée. Dans la suite du parcours, en B2 et C1 notamment, l'intercompréhension est mobilisée pour comprendre la grammaire française. En C2, les répondants privilégient les explications du professeur, les sites Internet et les grammaires en langue maternelle. La compréhension grammaticale relève d'une démarche individuelle qui n'est pas nécessairement liée à un niveau.

La perception de la méthodologie grammaticale en classe par les apprenants fait apparaître des lignes directrices sans toutefois permettre de dégager des caractéristiques propres à chaque niveau.

1.4. Quelques réflexions

Les apprenants ont des représentations et des avis qui ont un impact sur leur apprentissage, leurs choix et leur implication, qu'il s'agisse de grammaire ou d'une autre compétence. Pour mieux cerner ces aspects subjectifs, des questions d'opinion relatives à la pertinence de la grammaire, à l'enseignement suivi, puis aux souhaits pour la suite du parcours, complètent le questionnaire.

1.4.1. L'enseignement de la grammaire

Tous les répondants, sauf sept (5 %), estiment la compétence grammaticale indispensable pour l'apprentissage du français. Comme justification, se retrouvent des éléments convergents : la grammaire est la base, elle sert à comprendre la langue, à expliquer, à construire des phrases, à communiquer à l'oral et à l'écrit, à se débrouiller dans la vie professionnelle et personnelle, à comprendre ses erreurs et à progresser. Ceux qui ne partagent pas cet avis soulignent qu'en début de parcours, il est possible d'apprendre et communiquer en vivant en France. La majorité du panel interrogé n'envisage pas l'apprentissage actuel sans une focalisation sur la grammaire. Les trois quarts ont un niveau d'études supérieures, ils sont réceptifs à la description de l'objet langue pour mieux la comprendre et se l'approprier. En contexte francophone, ils peuvent estimer leurs progrès *in situ*. Ce consensus sur la grammaire fait écho à l'opinion selon laquelle notre langue possède une grammaire difficile ; l'intégrer est un défi.

Pour l'approche actionnelle, l'enseignement de la grammaire est lié à l'élaboration de la tâche. Même si les apprenants n'ont pas une conscience claire des étapes du programme, ils ont des attentes, des conceptions et des habitudes d'apprentissage en langue(s). La méthodologie du professeur gestionnaire-animateur du cours est évaluée par une question à items sur le taux de satisfaction. En A1, l'enseignement grammatical convient aux deux tiers des répondants, ce qui est positif pour poser les bases de l'apprentissage. En A2, le résultat est plus nuancé ; seule la moitié des apprenants se déclarent satisfaits et les autres trouvent l'enseignement de la grammaire trop détaillé. En B1 et B2, l'enseignement convient à la quasi-unanimité, ce qui est gratifiant pour les enseignants. Aux niveaux C, les réponses sont plus mitigées, même si la satisfaction domine sans qu'il ne se dégage de variante significative. Ce taux élevé de satisfaction, tous niveaux confondus, traduit la qualité de l'enseignement grammatical dispensé en classe.

Une question ouverte interroge sur ce qu'il faudrait changer dans l'enseignement de la grammaire. Au niveau A1, seuls trois souhaits sont formulés : renforcer la grammaire, travailler l'accent et la phonétique en liaison avec la grammaire. En A2 et B1, 75 % des répondants ne changeraient rien. Pour les autres, ce seraient plus de tests, plus d'exercices oraux, des liens avec le quotidien, plus de conjugaisons verbales, des explications en langue maternelle sur les points difficiles et une simplification de la grammaire. En B2, la moitié ne changerait rien. Les autres souhaiteraient plus d'exercices pratiques, des explications simplifiées, plus de détails et un enseignement plus dynamique. Aux niveaux C, deux tiers souhaitent du changement ; les attentes sont multiples alors que tous les points de la langue ont été abordés. Ils voudraient des révisions, des exemples du quotidien, des règles simplifiées, du FOS, du perfectionnement grammatical et quatre changeraient la méthodologie et la pédagogie, critiques voilées à l'encontre des enseignements. Il ressort que 55 % des enquêtés sont satisfaits de l'enseignement grammatical en classe. Plus le niveau linguistique est élevé, plus les attentes sont diversifiées et les exigences fortes.

1.4.2. Les préférences dans les compétences

Nous avons interrogé les apprenants sur leurs centres d'intérêt linguistes en classe en proposant une liste classique de compétences, celles qui constituent traditionnellement le socle de l'apprentissage d'une langue. L'objectif est de savoir comment est positionnée la grammaire et si les attentes vis-à-vis de celle-ci sont fortes. Il est demandé de classer ses préférences. À tous les niveaux, il apparaît un intérêt très marqué pour la compétence orale qui est elle-même plurielle. Cet attrait est combiné avec l'écrit ou la grammaire, avec des variantes selon les niveaux. Les niveaux A privilégient l'oral et l'écrit, deux compétences plurielles, alors que les niveaux B plébiscitent l'oral et la grammaire, avec un attrait marqué pour cette dernière en B1. En C1, la grammaire intéresse, même si les apprenants sont autonomes. Il s'agit de réviser et approfondir des points de langue ciblés. En C2, l'intérêt pour la grammaire est limité. À tous les niveaux, la culture en classe est peu prisée en milieu homoglotte, où les apprenants estiment se former sans cours. Ce tour d'horizon réalisé sur un échantillon qualitatif gagnerait à être étendu à une échelle plus vaste.

Après avoir été invités à se concentrer plus spécifiquement sur la grammaire, les apprenants se sont exprimés sur ce qu'ils souhaiteraient approfondir en reprenant comme items les compétences classiques. Nous ne pouvons que dégager des tendances par niveau. En A1, il est demandé davantage d'oral et de phonétique, clés pour une communication réussie. Pour les niveaux A2 et B1, après l'oral, c'est le vocabulaire et l'écrit qui sont plébiscités, ce qui souligne un attrait pour la diversification des modes d'expression. En B2, plus de vocabulaire, puis plus de grammaire et d'écrit sont souhaités pour un enrichissement de l'expression. En

C1, l'oral prime, suivi de l'écrit, alors qu'en C2, l'ordre est inversé et le vocabulaire est aussi très prisé. Ces tendances ne reflètent que les souhaits de l'échantillon interrogé.

Conclusion

Les réponses recueillies auprès des cent quarante apprenants du panel d'étude répartis dans les niveaux A1 à C2 témoignent d'une attitude réflexive sur leur enseignement grammatical en classe. Le questionnaire permet de dégager seulement des tendances pour chaque niveau, sans aller jusqu'à l'émergence d'un portrait type de l'apprenant adulte allophone en grammaire selon les niveaux. Une convergence dans les pratiques grammaticales est visible de A1 à B1 et de B2 à C2. Une césure, résumée comme suit, se situe entre B1 et B2.

De A1 à B1	De B2 à C2
Support d'apprentissage : le manuel	Diversité des supports d'apprentissage
Pratique individuelle d'exercices après le cours	Peu d'exercices après le cours
Élaboration réflexive de la règle, inductif	Règle donnée d'entrée, déductif
Compréhension par l'explication enseignante	Stratégie d'intercompréhension
Enseignement grammatical satisfaisant	Exigences grammaticales diversifiées

Selon l'estimation des répondants, l'enseignement de la langue française serait très grammaticalisé ; la grammaire oscillerait entre 30 et 90 % du temps de classe. Cet écart se retrouve dans un même groupe, excepté en C2. Des entretiens et un croisement des données avec les pratiques déclarées du côté des enseignants serviraient à nuancer les points de vue et à cerner au plus juste ce qui est entendu par « faire de la grammaire » en classe de FLE dans l'approche actionnelle. Cette étude exploratoire gagnerait à être étendue auprès de publics avec des profils variés.

Bibliographie

Beacco, Jean-Claude, 2010, *La didactique de la grammaire dans l'enseignement du français et des langues*. Paris : Éditions Didier.

Besse, Henri & Porquier, Rémy, 1984, *Grammaires et didactique des langues*. Paris : Hatier/Didier.

Besse, Henri, 1974, « Les exercices de conceptualisation ou la réflexion grammaticale au niveau 2 ». *Voix et Images du CREDIF*, 2, Nouvelle série, 38-44.

Cadre européen commun de référence pour les langues, 2001, Paris : Éditions Didier.

Coste, Daniel, 1995, « Sur quelques aspects des relations récentes entre grammaire et didactique du français langue étrangère ». *Langue française*, 68, 5-17.

Cuq, Jean-Pierre, 1996, *Une introduction à la didactique de la grammaire en français langue étrangère*. Paris : Didier/Hatier.

De Salins, Geneviève-Dominique, 1996, *Grammaire pour l'enseignement/apprentissage du FLE*. Paris : Didier/Hatier.

De Singly, François, 2016, *Le questionnaire*. Paris : Armand Colin.

Fougerouse, Marie-Christine, 2019, « La grammaire dans l'enseignement du Français Langue Étrangère en contexte allophone : représentations, stratégies et pratiques ». *Synergies France*, 13, 63-83.

Fougerouse, Marie-Christine, 2018, « La grammaire en Français langue étrangère à l'approche actionnelle : une avancée significative ? ». *Français, langue ardente*, II, 89-97.

Fouillet, Raphaele, 2018, « Entre savoir savant et didactique : le cas de l'article en français ». *Synergies France*, 12, 67-83.

Vigner, Gérard, 1995, « Présentation et organisation des activités dans les méthodes ». *Le français dans le monde*, janvier, 121-129.

Questionnaire renseigné par 140 apprenants de niveaux A1 à C2
LA GRAMMAIRE EN CLASSE DE FLE

1. Identité : H ☐   F ☐   Age :   Nationalité :

2. Formation :   Primaire ☐   Secondaire ☐   Supérieure ☐
Combien de temps avez-vous étudié le français ? Dans votre pays :   En France :
Niveau actuel de votre groupe : A1 ☐ A2 ☐   B1 ☐ B2 ☐ C1 ☐ C2 ☐

3. En classe, qu'est-ce qui vous intéresse le plus (classez 1, 2, 3, etc.) ?
    ☐ le vocabulaire   ☐ la civilisation
    ☐ l'écrit   ☐ la phonétique
    ☐ l'oral   ☐ la grammaire
    ☐ autre :

4. Quelle(s) méthode(s) de FLE utilisez-vous en classe ?
    ☐ *Version originale*   ☐ *Saison*
    ☐ *Rond-Point*   ☐ *Écho*
    ☐ *Alter ego*   ☐ autres :

5. Les explications de la méthode sont :
    ☐ claires   ☐ à compléter par le professeur
    ☐ adaptées à votre niveau   ☐ utilisables seules en auto-apprentissage
    ☐ compliquées   ☐ autre :

6. Quand le professeur aborde-t-il un point de grammaire en classe ?
    ☐ au fil de la leçon   ☐ quand il le décide
    ☐ quand vous lui demandez   ☐ il détaille un point à chaque cours
    ☐ autre :

7. Pour comprendre la grammaire du français, comment faites-vous ?
    ☐ je compare avec ma langue maternelle   ☐ j'utilise les explications de la méthode
    ☐ le professeur m'explique   ☐ je compare avec d'autres langues que je connais
    ☐ autre :

8. Dans les explications, le professeur utilise du métalangage (nom, complément, COD, mode, etc.) ?
Oui ☐   Non ☐
Vous comprenez les explications : ☐ toujours   ☐ le plus souvent   ☐ quelquefois
                                   ☐ presque jamais   ☐ jamais

9. Pour l'étude d'un point de grammaire, le professeur :
    ☐ vous laisse réfléchir et vous mettre d'accord pour élaborer votre règle
    ☐ vous donne la règle complète
    ☐ vous donne une partie de la règle seulement
    ☐ vous donne une règle approximative, rectifiable par la suite

10. Quels exercices de grammaire faites-vous en classe (classez 1, 2, 3, etc.) ?
    ☐ exercices lacunaires (à trous)   ☐ conceptualisation
    ☐ formes entre parenthèses à changer   ☐ reformulation

Représentations de la grammaire : apprentissage du FLE

☐ transformation selon un modèle ☐ production à partir d'un support
☐ résumé ☐ jeux
☐ phrases à compléter ☐ traduction
☐ QCM ☐ autre :

11. Utilisez-vous des cahiers d'exercices de grammaire en plus du cours ? Oui ☐   Non ☐
Si oui, lesquels ? ....
....

12. Consultez-vous des livres de grammaire après le cours ?   Oui ☐   Non ☐
Si oui, lesquels ? ....
....

13. Dans les tâches, en quoi la grammaire est-elle utile ?
....

14. En classe, l'enseignement de la grammaire ☐ vous convient   ☐ est trop rapide
☐ est trop lent   ☐ est trop détaillé   ☐ n'est pas assez détaillé   autre :

15. Comment la grammaire est-elle évaluée ?
☐ par des tests réguliers ☐ par des examens (DELF, DALF, TCF)
☐ par vos collègues ☐ par vous-même
☐ dans des productions orales ou écrites ☐ autre :

16. Pour vous, la maîtrise de la grammaire est-elle indispensable pour apprendre le français ?
Oui ☐   Non ☐
Pourquoi ?
....

17. Qu'est-ce que vous souhaiteriez changer dans l'enseignement de la grammaire ?
....
....

18. En classe qu'est-ce que vous voudriez approfondir (classez 1, 2, 3, etc.) ?
☐ le vocabulaire ☐ la civilisation
☐ l'écrit ☐ la phonétique
☐ l'oral ☐ la grammaire
☐ autre :

19. Combien de temps (en %) occupe environ la grammaire en classe ?
....

Merci pour votre collaboration !

Chapitre 2.
Enseigner les références temporelles du français.

SOFIA STRATILAKI-KLEIN

Introduction

L'expression du passé a été traitée dans une variété de cadres théoriques (Auroux, 1998 ; Benveniste, 1966 ; Chevalier, Blanche-Benveniste, Arrivé & Peytard 1964 [1982] ; Beauzée, 1767, entre autres). Dans les grammaires scolaires, on appelle « temps » aussi bien le temps chronologique (présent, passé, futur) que les paradigmes de conjugaison (passé composé, imparfait, etc.), ce qui constitue, parfois, une source de confusion pour les apprenants, car au même temps chronologique peuvent correspondre plusieurs paradigmes (*Grammaire progressive du français, Deutsche Ausgabe*, Klett, 2005, par exemple). Quelques points relatifs au langage, comme les usages interprétatifs et descriptifs, semblent toutefois ne pas être aussi simples que cela. En particulier, un énoncé, au-delà des mots, doit être situé temporellement par rapport à un état de fait (cf. Azzopardi & Bres, 2017). Par exemple, les verbes au présent de l'indicatif tirent leur référence temporelle du moment même de l'énonciation. Pour éclaircir ces phénomènes principaux du fonctionnement discursif, certains auteurs des grammaires distinguent le temps et les tiroirs, en soulignant leur complémentarité dans les textes narratifs : « les actions proprement dites, dont les verbes sont au passé composé, placées au premier plan ; les circonstances qui ne font pas progresser l'action sont à l'imparfait, en arrière-plan. Elles prennent appui sur les actions au passé composé » (Maingueneau, 1998 [2000] : 97). Si l'on admet que l'opposition entre *premier-plan* et *arrière-plan* peut donner lieu à deux types d'effets sémantiques – l'antériorité et l'accomplissement –, comment peut-on expliquer cette distinction d'expression temporelle aux apprenants en classe de FLE ?

Une manière de répondre à cette question relève de ce que Ducrot (1984) appelle la conception polyphonique et éclatée du sujet parlant, qui distingue d'une part entre locuteur et allocutaire définis comme les personnages de l'interaction et, d'autre part, entre énonciateur et destinataire, à savoir les personnes liées par un acte illocutionnaire. Dans cette perspective, la démarche que nous voulons présenter ici s'inscrit dans la perspective plus générale de la construction interactive du sens, qui conçoit l'interaction verbale comme « échafaudage » de cette construction, comme lieu où sont mis en évidence les opérations, les procédures, les processus par lesquels les énonciateurs rendent intelligibles et reconnaissables leurs visées discursives (Bouard, 2007). En ce sens, la valeur temporelle ou modale d'une forme n'est pas donnée a priori, mais émerge de l'interaction, pouvant se définir et se clarifier de façon contextuelle.

2.1. Quelques principes théoriques

L'objectif de cet article est de repérer les contextualisations grammaticales effectuées par les enseignants sur des faits de grammaire française qui semblent ne pas exister en allemand. Dans notre analyse, une attention particulière sera accordée à l'écart existant entre la valeur portée par l'imparfait (désormais, IMP) et celle portée par le passé composé (désormais, PC). Ce choix se situe dans la continuité de nos travaux antérieurs sur le passé (Kalmbach & Stratilaki-Klein, 2015, 2018), où nous avons analysé la description du passé dans les grammaires allemandes et les modes d'expression du passé dans le récit narratif. Un de nos résultats a été la double dimension, énonciative et contextuelle, de l'expression du passé dans le récit comme manifestation discursive qui donne lieu à de multiples exemples et explications dans les grammaires allemandes illustrant un usage narratif de l'IMP en tant que contenu. De point de vue didactique, nous avons montré que, en transposant un acte par mots, les emplois de la description du passé ont une dimension textuelle qui devrait de fait accompagner les apprenants dans la production d'énoncés et/ou de textes grammaticaux. En continuant d'explorer cette piste, nous souhaitons insister ici sur les représentations de la valeur de l'aspect grammatical portée par le PC et l'IMP, en nous appuyant sur les notions de focalisation et défocalisation, avancées par Peeters (2017) (voir aussi Peeters, 2008 ; Lidia Lebas-Frączak, 2009 ; de Saussure, 2003 ; Kozareva-Levie, 2011) qui mettent en avant que l'imparfait puisse être défocalisé, ce qui guide le lecteur/auditeur à porter son attention sur d'autres aspects du contexte pour situer l'action dans le temps. Or, cette dimension est plurielle et sensible au déploiement temporel de la conversation, visible dans l'articulation de moments précédents et de moments suivants et dans la non-linéarité des effets prospectifs et rétrospectifs. De fait, nous délaisserons volontairement, sans les considérer pour autant comme mineures ou secondaires, d'autres facettes du phénomène, parce qu'elles ne peuvent pas être traitées dans le cadre de cet article. Cette position permet, à notre sens, de cerner notre problématique et de relier le « temps » à un phénomène plus large et bien connu, qui veut que l'information à transmettre se distribue entre diverses unités linguistiques de l'énoncé, et ce en fonction de la plus ou moins grande commodité ou efficacité que présente sa manifestation dans telle ou telle langue dans un contexte ou dans une situation d'énonciation donnés. Comme le soulignent explicitement A. Culioli et J.-P. Desclés (1981 : 25) :

> « Il ne faudrait pas croire qu'à l'intérieur d'une même langue deux sujets échangent nécessairement les *mêmes* représentations. Une langue est foncièrement ambiguë. Un énonciateur peut donc produire un agencement de représentants ; cet agencement est ensuite analysé par l'auditeur qui, à son tour, reconstruit une nouvelle représentation qui peut être différente de la première représentation voulue par l'énonciateur » (cité par Maingueneau, 1984, 111).

Ainsi, les marques linguistiques sont-elles susceptibles de prendre des valeurs non prévues par les catégories linguistiques classiques, valeurs qui loin d'être périphériques, peuvent être considérées comme centrales en raison de leur portée discursive. Pour illustrer notre propos, nous avons choisi de résumer quelques propositions de Peeters (2017) comme arrière-plan de notre étude. En effet, Peeters (2017) défend l'idée, après tant d'autres (voir Besse, 1984, 2000, par exemple), que l'imparfait narratif, s'il confère l'idée d'un dénouement, d'une résolution ou d'une conclusion, c'est par rapport à une séquence narrative située dans le récit, en choisissant entre l'imparfait de rupture et l'imparfait de clôture. La conception de l'auteur privilégie le langage, une ressource propre utilisée sans être perçue explicitement, permettant aux participants d'interpréter la situation dans laquelle ils se trouvent engagés (cf.aussi Lachet, 2014 ; Chiss, Filliolet & Maingueneau, 1986).

Pour expliciter les valeurs temporelles de l'IMP, il propose de revisiter quatre exemples proposés par Berthonneau et Kleiber (1999). C'est le premier qui retient en particulier notre attention : il « était son amant ». Nous l'avons choisi pour bien marquer que l'interprétation du temps (en tant que processus linguistique) est en réalité inséparable du processus discursif, ce qui fait qu'il existe des zones d'inter-discursivité à l'intérieur d'une langue. Certains auteurs soulignent que l'effet de rupture y est achevé grâce au « saut dans le temps que fait faire le complément de temps » (Berthonneau & Kleiber, 1999 : 143). Autrement dit, ils insistent autant sur le repère temporel qui « doit précéder le prédicat », afin qu'il y ait un effet de rupture, que sur le complément qui doit marquer une distance temporelle relativement précise et « créer un effet de rapidité ». En évoquant de cette façon le passage d'une interprétation à une autre du même énoncé, Berthonneau et Kleiber (1999 : 148) expliquent le saut dans le temps comme un « saut vers le dénouement ». Bres (2005 : 102), pour sa part, fait valoir que l'IMP, « du fait de l'instruction [–incidence] qu'il délivre, ne donne pas à voir le début de l'état, mais le saisit dans son cours », rejoignant de la sorte, selon Peeters (2017, *ibid.*), l'interprétation « était déjà son amant » de Berthonneau et Kleiber. Rebotier (2010 § 1.1.2), quant à lui, en partant du même exemple, attribue à l'imparfait le statut d'« imparfait narratif » en soulignant que « ce temps est particulièrement apte à exprimer une conclusion ». Cependant, d'autres chercheurs, Gardes-Tamine (2010 : 109) et Touratier (1996 : 117), par exemple, en analysant l'exemple « il était son amant », ils considèrent qu'il s'agit de « l'imparfait dit de rupture » qui a « valeur d'ouverture ». De fait, pour Touratier, il s'agit d'un « imparfait d'évènement » non intégré à la trame évènementielle du récit. Baylon et Fabre (1978 : 105), quant à eux, notent que :

> « Cet imparfait qui note "la dislocation de deux actions" (Grevisse) est appelé "imparfait de rupture" (Bruneau) ou encore "imparfait de cinéma" ; il "représente une infraction de l'imparfait dans le domaine traditionnel du passé simple (et du passé composé) et un des éléments de déséquilibre dans le système des temps du passé" (Schogt, *op. cit.* p. 43). La presse fait grand usage de cet imparfait ».

Ils donnent l'exemple suivant pour expliciter leur propos :

> « À la soixantième minute, Pelé prenait le ballon, évitait trois défenseurs et marquait le but de la victoire (Les journaux). »

Enfin, Desclés (2003 : 15) propose le terme d'un « imparfait de nouvel état » qui marque une nouvelle situation créée par une situation qui, alors, « gagne en saillance et fait avancer le récit ». Nous avons choisi cet exemple parce qu'il met en relief le fait qu'il existe une diversité de manières dont un évènement peut être reçu (par le lecteur ou auditeur) et exprimé (par le locuteur ou énonciateur). Du fait de cette diversité, nous avons pu montrer dans un travail antérieur, les difficultés qu'on éprouve à identifier toutes les circonstances qui influent sur la description du passé dans les grammaires allemandes, un phénomène qui n'est pas traité de façon homogène et uniforme dans les discours grammaticaux (Stratilaki-Klein, 2018). En réalité, dès que le rapport à l'Autre est constitutif du discours, il n'est qu'un aspect du fonctionnement de la formation discursive et se retrouve spécifié en conséquence. Cette position est d'ailleurs soulignée par Berthoud (2000) lorsqu'elle définit le processus même de construction du sens dans l'activité d'interaction comme des « réglages du dire ». Cette perspective implique un regard sur les formes linguistiques qui ne les traite plus uniquement selon la place qu'elles occupent dans le système, mais comme manifestant, marquant et signalant aux locuteurs (avant qu'à l'analyste) le déroulement de processus énonciatifs. Il convient donc, à notre sens, de considérer que cette description du passé est accomplie dans le processus de négociation et d'accomplissement dynamique de l'interaction et peut donner lieu à des configurations contextuelles variables, qui se font dans et par le cours de l'interaction et de façon localement pertinente. En effet, dans un chapitre intitulé *Footing* et traduit en français en 1987 sous le titre « La position », Goffman déconstruit le schéma traditionnel des théories de la communication, qui distinguent exclusivement les positions de « locuteur » ou « scripteur » (celui qui parle ou écrit) et d'« auditeur » ou « lecteur » (celui qui écoute ou lit). Goffman (1987) montre que les rencontres sociales présentent une réalité souvent plus complexe, caractérisée par une pluralité de participants, et donc par une plus grande variété de « positions » de participation et d'interprétations du contexte discursif.

Ces éléments confirment que la prise de parole, les contenus échangés, les formes de langage utilisées, la nature de l'activité verbale ou même les identités et les rôles des participants ainsi que l'objectif de l'interaction constituent autant d'ingrédients au moyen desquels les participants peuvent accéder au sens et interpréter la communication.

2.2. Les conquêtes du temps

Dans la suite de cette étude, nous prenons, pour illustrer notre propos, l'exemple de l'aspect. Temps du passé, l'IMP se distingue des autres temps du passé par sa valeur d'aspect : c'est le tiroir verbal qui marque l'inachevé (*imperfectum*). Il exprime une action (passée) sous l'aspect de la durée et il comprend, comme tel, une part de l'accompli et une part de l'inaccompli. Autrement dit, il ne marque ni le début ni la fin de l'action évoquée. C'est pour cela qu'on le définit souvent comme « un présent en cours dans le passé » ou « un deuxième présent » (Pariente, 1984). Lisons les deux exemples suivants, qui sont décontextualisés : ils peuvent avoir des implicites contextuels divers, non seulement pour les locuteurs natifs français scolarisés mais aussi pour les apprenants du français en tant que langue étrangère. Lorsque, par un exemple, un enseignant répond à la question d'un élève :

(1) « Oui, hier, il a dormi. » [Exemple *ad hoc*, Stratilaki-Klein]
(2) « Oui, hier, il dormait. » [Exemple *ad hoc*, Stratilaki-Klein]

Il est probable qu'un locuteur natif, à la lecture de ces deux phases, ne confère pas tout à fait la même valeur à ces énoncés. Pour les différencier, une première réponse est de dire que la phrase (1) est au PC et la (2) à l'IMP. Cela permet effectivement de catégoriser la valeur du verbe au sein de l'énoncé [dont l'énonciation n'est pas précisée] sur l'axe syntagmatique. C'est-à-dire que l'on va analyser les variations morphologiques des désinences du radical, ainsi que l'ajout d'un verbe auxiliaire, comme marqueurs temporels de la phrase. Ces « informations grammaticales » (Riegel *et al.*, 1994 : 438) permettent de préciser à la fois le mode et le temps. Nos exemples (1) et (2) sont tous les deux au mode indicatif et à un temps du passé, une forme qui marque l'antériorité, signalée par « hier », par rapport au moment de l'énonciation. Nous avons donc une prise de parole analogue, une même période référentielle de temps – aujourd'hui par rapport à hier –, et un procès identique pour les deux phrases. Il manque manifestement un élément permettant à l'allocutaire de séparer ces deux phrases afin de leur conférer sur l'axe paradigmatique, un sens différencié[5]. Celui-ci apparaît lorsque l'on décide de tenir compte de

---

[5] C'est-à-dire que la variation syntagmatique du verbe (dormait/a dormi) induit une modification de sa valeur sémantique que ne parvient pas à prendre en compte le procès du verbe (le fait de se coucher et dormir) et le temps (le passé).

la valeur aspectuelle portée par chacun des deux temps verbaux[6]. Or, cette valeur ne va pas modifier la nature du procès, le fait de dormir toujours, mais elle va modifier la manière dont : le procès est perçu, la perspective, l'angle avec lequel l'allocutaire va considérer ce procès, ce que Maingueneau (1994 : 63) décrit comme la « manière [dont] on envisage le déroulement du procès, son mode de manifestation dans le temps ». Dans le cas du PC (1), le procès est envisagé comme terminé et est vu tel un résultat – c'est l'aspect de l'accompli : « on considère le résultat de ce procès » (*ibid.* : 69). Dans le second cas (2), le procès est envisagé comme en cours de réalisation et est vu telle une opération, s'actualisant[7] dans le passé, « le procès se réalise au moment indiqué par l'énonciation » (*ibid.* : 69), c'est l'aspect inaccompli. Autrement dit, la valeur de base de l'IMP, c'est l'expression de l'action en cours de déroulement. À partir de cette valeur de base, l'IMP a vu, comme le présent, ses emplois s'élargir pour exprimer :

(a) un fait qui se répète dans le passé, comme le montre l'exemple suivant :
(3) Quand il voyait le soleil, il renaissait [Baylon & Fabre, 1978 : 104]

Ce fait peut connaître une répétition systématique. L'IMP exprime alors l'habitude.

(b) Ou un fait continu dans le passé : ce qu'on appelle l'IMP de description (4) et l'IMP marquant l'état (5), comme les montrent respectivement les exemples suivants :
(4) Nicole avait les cheveux blonds [Baylon & Fabre, 1978 : 104]
(5) Les premiers hommes vivaient dans les cavernes [Baylon & Fabre, 1978 : 104]

---

[6] Nous reprenons ici la distinction opérée par Azzopardi & Bres (2017 : 4, note 3) de « forme » qui renverra à la morphologie du verbe, pouvant être simple (synthétique), composée (analytique) et périphrastique ; et de « temps » qui reverra à ce qu'il est d'usage d'appeler les « tiroirs verbaux » (Damourette & Pichon, 111–1936) comme le présent, le passé composée, l'imparfait, le passé simple, etc.

[7] L'actualisation est considérée comme « la mise en relation de l'énoncé et de son énonciation » (Maingueneau, 1994 : 57). Voir aussi à ce propos Chiss 2002 [2011].

À partir de ces constats, la question qui se pose est la suivante : comment la notion d'aspect grammatical peut-elle être didactisée et contextualisée en cours de FLE ? De très nombreux travaux se sont concentrés sur l'aspect, qui soulève « des questions particulièrement complexes » (Maingueneau, 1994 : 73), comme sur les emplois fort variés auxquels le PC et l'IMP peuvent se prêter, tel l'IMP contrefactuel[8] (voir aussi Kozareva-Levie, 2011 ; Bruley et al., 2021, entre autres). Parmi ces travaux, nous ne nous intéresserons ici qu'à deux catégorisations de l'aspect : l'*Aktionsart*, car il concerne directement la langue allemande et la mise en relief qui est souvent utilisée dans les manuels de FLE. Commençons par le concept d'*Aktionsart*. Nous constatons qu'il y a d'un côté la manière du procès (*Aktion*) & de l'autre la manière dont cette action est perçue (Cuq & Gruca, 2017 ; Blondeau, 2020). Cette divergence apparaît parce que les façons d'envisager ce concept ne sont pas les mêmes en fonction des langues, des auteurs et des ouvrages. Par exemple, l'*Aktionsart* peut se voir désigné comme un aspect lexical (c'est-à-dire que les signifiés possèdent une autonomie sémantique). Les « phénomènes aspectuels » (Maingueneau, 1994 : 63), tels le sémantisme du verbe, les modifications liées au lexique, ou encore le contexte de l'énoncé, produisent des valeurs aspectuelles « rattaché[e]s au signifié de chaque acception » (*ibid.* : 64) qu'elles véhiculent. Dans notre corpus, nous retiendrons l'aspect pris en son sens restreint, c'est-à-dire qu'il correspond, suivant Blondeau (*ibid* : 42), uniquement à la « variation morphologique du verbe entraînant pour le locuteur la possibilité d'exprimer l'opposition entre accompli et inaccompli, variation que l'on peut qualifier de morpho-lexicale (les morphèmes de flexion ajoutés aux morphèmes lexicaux que sont les auxiliaires grammaticalisés) ».

En effet, un certain nombre de manuels de FLE (pour un aperçu, voir Stratilaki, 2018) expliquent par des exemples narratifs construits l'écart entre les deux temps : je décris le contexte, je raconte le déroulement de l'action. Cependant, ils n'entrent pas dans des analyses textuelles complexes, et souvent trop fines pour la classe de FLE (comme l'hypothèse de la valeur anaphorique de l'IMP, la prise en compte du thème et du

---

[8] Selon Repiso (2013 : v) : « Le raisonnement contrefactuel est un procès cognitif universel par lequel la réalité est comparée avec ce qui aurait pu se passer autrement. L'expression de la contrefactualité repose traditionnellement sur l'analyse des constructions conditionnelles si A (alors) B (Grevisse, 1936, Chevalier *et al.*, 1964, Riegel *et al.*, 1994). »

propos qui relève de la stylistique, ou encore le caractère souvent non narratif du PC, statique, au regard du passé simple, dynamique)[9]. De cette manière, les manuels incitent quasi systématiquement à mettre les deux temps en opposition, non pas aspectuelle, mais d'emploi. Pour parvenir alors à didactiser en contexte de classe une notion qui divise autant et qui propose un aussi grand nombre de modèles structurants, traversant l'ensemble des catégories de la linguistique, tout en étant fondamental à la conjugaison qu'elle ordonne, les enseignants du français langue étrangère reviennent à un système à la fois simple – peu de descriptions –, et global. Les discours sur l'IMP et le PC des ouvrages de référence sur lesquels ils s'appuient sont fondamentalement traditionnels : leur opposition s'appuie sur le point de vue adopté par le locuteur qui voit ou non une fin au procès, et non sur une perspective linguistique comme celle que nous venons d'expliquer ici (cf. Damourette et Pichon, 1970 ; Blondin, 1819). Pour autant, cette vision aspectuelle n'est jamais clairement présentée au sein de la notion d'aspect, qui continue d'être perçue à la fois comme un aspect grammatical et un mode d'action, où sémantisme grammatical et lexical sont mélangés. Nous remarquons d'ailleurs que la notion de PC n'est jamais véritablement expliquée, qu'elle est rarement mise en opposition avec l'IMP, et que sa description est finalement laissée à la valeur portée par l'adjectif, une idée de conclusion.

Si les caractéristiques de la grammaire du français qui relèvent de descriptions lexicales étaient traitées dans une approche pédagogique d'orientation lexicale, on pourrait espérer que des activités métalinguistiques ainsi conçues (prenant en compte le sens) répondent davantage aux « besoins de grammaire » des apprenants plurilingues. Pour illustrer ce point, nous examinerons dans ce qui suit des exemples concrets de pratiques d'enseignement.

2.3. Pratiques de contextualisation en classe de FLE

Fréquemment, dans les explications que donnent les enseignants allemands de l'opposition PC/IMP, il y a l'idée d'un temps ponctuel (une action courte), face à un temps qui dure (une action longue). Cette

---

[9] D'après Riegel et alii., (1994 : 536) : « Le PC peut situer totalement le procès dans le passé. [...] Il remplace alors le passé simple pratiquement disparu de l'usage oral moderne. Il s'oppose à l'IM dans des conditions analogues au passé simple, comme le temps des évènements ordonnés dans le passé, des faits de premiers plans ».

description du PC/IMP peut, peut-être, expliquer en partie les difficultés d'utilisation que rencontrent les apprenants allemands, auxquelles vient se rajouter la fréquence des descripteurs.

En effet, pour le PC, l'aspect lexical est présenté en utilisant la valeur du procès, le fait unique, ponctuel, introduisant un changement (du point de vue des apprenants, c'est le sens du discours/récit, que va modifier le sens du verbe) et borné (perfectif). Autrement dit, il s'agit d'une action courte, significative et conclusive. Et le mode d'action est bien plus parlant pour des apprenants allemands – plus facile à conceptualiser et à employer – qu'une notion non travaillée dans l'apprentissage scolaire de l'allemand, comme l'achevé (que les apprenants vont d'ailleurs être amenés à confondre avec le délimité dans le temps). Notons que la même remarque s'applique à la mise en relief. En revanche, le lien qu'entretient le PC avec le présent est totalement absent des manuels, car ce lien suppose la prise en compte du moment d'énonciation et du point de repère par rapport au procès[10].

Comme nous l'avons remarqué dans les grammaires scolaires, il paraît plus difficile de décrire l'IMP que le PC, en raison de la variabilité de ses utilisations. Les manuels ont donc choisi de présenter non pas la ou les raisons justifiant l'emploi du l'IMP, mais les conséquences de l'inaccompli : simultanéité, description, suspension du récit, etc. (Grevisse, 1936 [2016] ; Dubois et al., 1994, entre autres). En particulier, ils ont privilégié les ressources lexicales des apprenants – comment ils comprennent et envisagent les procès portés par les verbes – pour rendre compte des possibilités d'emploi de l'IMP. Face à une certaine hésitation des grammaires savantes quant à la catégorisation aspectuelle de l'IMP, les manuels ont choisi la voix du mode d'action, plus facile à comprendre et, pour les ouvrages conçus en Allemagne, davantage en lien avec la description sémantique du verbe en allemand. Par ailleurs, on remarque que l'IMP est principalement décrit par le sens porté par les verbes considérés comme habituellement utilisés à ce temps-là,

---

[10] Pour le PC, Blondeau (2020 : 6--65) souligne que : « les apprenants vont principalement retenir que, 1/ le PC est un temps du passé, 2/ le PC est un temps du premier plan, et 3/ ce sont des verbes qui proposent une action courte et conclusive qui sont employés au PC, les verbes perfectifs. La seule notion véritablement commune que les manuels partagent avec les grammaires savantes est donc la valeur temporelle du PC : c'est un temps du passé ». Quant à l'IMP, nous lisons un peu plus loin : « les apprenants vont percevoir l'IM comme, 1/ le temps de la description, et 2/ le temps des actions qui durent sans limites de temps (les verbes imperfectifs), la durée ». Voir aussi à ce propos Dominicy, 1984.

et par le contexte de la narration – ils choisissent le sémantisme des grammaires traditionnelles. La temporalité n'est que rarement évoquée et l'inaccompli comme la virtualité ne se repère que de manière indirecte, à travers ses conséquences. Les apprenants allemands opposeront ainsi le PC et l'IMP par la mise en relief (premier plan, arrière-plan), et à l'aide du sémantisme – du procès, des circonstants, du contexte du discours –, l'articulant autour de procès brefs et de procès longs. C'est ainsi que seule la valeur de l'*Aktionsart* issue des grammaire traditionnelles allemandes est effectivement conservée par les manuels. En effet, les concepteurs des manuels de FLE n'ignorent pas la dimension aspectuelle du PC et de l'IMP, mais pour des raisons tenant à la didactisation et, pour les manuels allemands, au contexte de la salle de classe, la notion d'aspect grammatical est évacuée au profit de l'aspect lexical. En ce sens, nous avons constaté que les expressions décrivant accompli/inaccompli n'étaient pas explicitement formulées. Outre le sens accordé à ces descripteurs, ce sont des exemples qui servent à la démonstration, compréhension ou conceptualisation. Et dans notre contexte particulier, puisque l'allemand utilise l'Aktionsart pour décrire le point de vue avec lequel on envisage un procès, c'est ce dernier qui est mis à contribution pour essayer de conceptualiser la différence entre PC et IMP. Les enseignants, quant à eux, pour expliquer cette différence, ont fortement recours à l'aspect lexical – que celui-ci provienne de la valeur sémantique portée par les lexies au sein des énoncés, ou que celui-ci soit le fait du sens conféré par la valeur organisationnelle du texte regroupant les énoncés considérés.

Dans notre enquête, nous avons demandé à deux enseignants, V et A, la permission d'observer une séance de cours enregistrée pour voir, d'une part, comment ils procèdent à l'explication de l'IMP et du PC et, d'autre part, comment leurs élèves comprennent et utilisent ces deux temps. Les quatre élèves du corpus sont toutes des femmes, ayant l'allemand pour langue première et ayant étudié le français comme langue étrangère à l'école. Voici donc la synthèse de nos observations :

L'enseignant V a proposé une mise en application des règles permettant l'emploi du PC et de l'IMP avec des amorces de phrases qu'il fallait compléter avec un verbe, c'est-à-dire choisir soit un PC, soit un IMP. Tous les exemples faisaient systématiquement alterner un PC avec un IMP : « Il était furieux ... et il a quitté la maison. », ou « Quand je suis arrivé au bureau ... ma collègue était déjà là. ». Mais un de ces exemples acceptait les deux variantes : « J'ai raté ma correspondance ... parce que mon train a eu/avait du retard. ». L'enseignant V aurait dû alors expliquer à ses élèves en quoi les deux possibilités étaient recevables, que cela dépendait de la manière dont on envisageait le procès. V leur a expliqué ainsi que, au PC, le locuteur considère le retard du train comme un procès achevé. C'est un résultat qui entraîne une conséquence, celle de manquer sa correspondance. Les actions se suivent dans un rapport de cause/conséquence et permettent de présenter les évènements. Avec le PC, il y a, au présent, une mise à distance de la situation, au passé. L'évènement est donné à voir (depuis l'extérieur, le présent). Alors qu'à l'IMP, c'est du train dont on parle et qui n'est toujours pas arrivé. L'IMP permet au locuteur de se replacer dans l'évènement et de rendre vivante la présence du locuteur dans ce train qui a du retard. Le procès est vécu depuis l'intérieur, ce qui fait dire à certains auteurs que l'IMP est un présent dans le passé. L'IMP réduit ici l'écart entre les faits et celui qui les rapporte. Les énoncés sont différents parce que la perspective choisie n'est pas la même. Enfin, il importe de souligner que la difficulté dans l'explication tenait également à ce que ces deux énoncés, non authentiques, étaient déconnectés de toute réalité énonciative.

L'enseignant A, quant à lui, a pris un extrait d'un texte déclencheur, non authentique, d'un manuel pour adolescents qui présente deux jeunes filles discutant entre elles. Le dialogue était contextualisé et le texte lui-même semblait à A abordable à ce niveau, car il était tourné vers l'oral. Comme il offrait la possibilité de retravailler la différence entre PC et IMP, A en a fait un texte à trous en supprimant les verbes conjugués à ces temps, et en proposant pour chaque occurrence, les deux solutions. Cet échange avait notamment l'avantage de présenter des passages entièrement à l'IMP. À la phase de correction, l'enseignant A a été surpris de voir que les apprenants allemands se trompaient systématiquement : soit ils ne comprenaient pas la différence entre PC et IMP, soit ils cherchaient à réaliser une alternance, soit ils utilisaient des descripteurs sans rapport avec le déroulement du procès envisagé.

Mais plutôt que d'analyser abstraitement les pratiques pédagogiques, nous nous sommes entretenue, à la fin de la séance, avec les deux enseignants pour comprendre les raisons de la contextualisation. ils nous ont expliqué qu'ils s'étaient rendu compte que malgré les exemples d'emploi dans les manuels, ceux-ci ne suffisaient pas ou ne permettaient pas d'effectuer la différenciation PC/IMP, même sur des textes simples. En effet, il semblait important, à tous les deux, de contextualiser cette notion en cours dans une perspective textuelle, en s'appuyant sur ce qu'avaient déjà vu les apprenants. Plus précisément, nous notons les deux points suivants :

- L'enseignant V lorsqu'il voulait rendre compte de la perspective offerte par le couple accompli/inaccompli, sortait de la classe et ouvrait la porte au PC, puis recommençait, mais à l'IMP. Dans le premier cas, la porte s'ouvrait (et se refermait) normalement. Dans le second cas, il faisait durer l'action « ouverture de la porte » le plus longtemps possible. Le problème est qu'une telle démonstration, avec « ouvrir une porte », ne renvoie pas à la notion d'aspect grammatical, mais à celle d'*Aktionsart*. Il opposait un duratif et un non duratif pour rendre « longue » l'ouverture de la porte, difficilement acceptable dans la pratique comme en français, hors contextualisation particulière : « j'ai ouvert la porte en cinq secondes », mais « j'ai ouvert la porte pendant cinq secondes ». Les apprenants allaient donc assimiler que le PC s'employait avec les verbes non duratifs et l'IMP avec les verbes duratifs, ce qui est inexact.

- L'enseignant A a emprunté la notion de résultat afin de délimiter accompli et inaccompli, parce qu'il lui apparaît comme opérationnel. Il ne s'agit donc pas tant d'expliquer une règle que d'expliciter une perspective. Cependant, cette caractéristique du PC est absente de la plupart de manuels, avec mention uniquement que le procès possède des conséquences dans le présent. Ce qui signifie qu'à aucun moment dans les manuels auxquels l'apprenant recourt, il n'y a de lien qui se crée entre le présent et le passé, comme si le PC était déconnecté du présent, alors que ce lien est le fondement de l'interprétation de la valeur de ce temps. En ce sens, comment peut-on alors observer la capacité à se référer à l'opposition aspectuelle en français ?

Dans notre corpus, introduire le résultat a permis à l'enseignant A de placer le moment de référence juste après l'intervalle du procès. Avant de procéder à cette contextualisation, A a proposé une première série de deux exercices à trous à réaliser par les élèves individuellement à la maison, l'objectif étant de faire prendre conscience du fait qu'en fonction de son positionnement, le locuteur ne prononcera pas le même énoncé et que c'est cette différence énonciative que met en lumière l'écart PC/IMP. Puis, l'enseignant s'est appuyé sur les constatations opérées par les apprenants pour essayer peu à peu de reconstruire la règle explicitant le fonctionnement de la langue. Les observations sont réalisées à partir d'une série de quatre textes, un document authentique et trois documents fabriqués. Notons que A a volontairement privilégié le document fabriqué afin que les exemples correspondent au mieux à la découverte de l'opposition entre PC et IMP. Par ailleurs, nous avons observé qu'il expliquait aussi les descripteurs habituels pour l'IMP : arrière-plan, succession d'évènements, intrusion d'une action, description. Cette approche qui place au centre de l'enseignement l'apprenant est un des éléments constitutifs de la structuration de son interlangue (cf. Chevallard, 1985 [1991] ; Maingueneau, 1996 [2009]). Enfin, l'enseignant s'est entretenu avec ses élèves pour voir si l'aspect accompli/inaccompli était devenu saillant et comment cette nouvelle notion a été conceptualisée par ces derniers. Dans cette perspective, il avait voulu comprendre la manière dont les apprenants percevaient ce qui leur était demandé et comment ils usaient de leur grammaire intériorisée, c'est-à-dire des couples procès long/procès bref, arrière-plan/premier plan, pour tenter de résoudre les difficultés de divergence inhérentes au PC et à l'IMP.

2.4. Bilan

Cette circulation des représentations métalinguistiques sur la valeur de l'aspect nous a permis de nourrir notre réflexion sur l'enseignement de la grammaire en direction d'un public germanophone. Les deux enseignants ont proposé un cours pour permettre aux élèves de prendre conscience du fait que le verbe français possède une caractéristique supplémentaire qui n'est aujourd'hui plus perçue en allemand, la valeur aspectuelle d'accompli/inaccompli et que cette valeur est portée par la conjugaison du verbe. Dans les cours, il ne s'agit pas, pour les enseignants, d'affirmer que l'IMP se passe avant le PC, mais de donner à voir que l'IMP est coupé du présent, alors que le PC ne l'est pas.

Dans cette optique, nous pouvons considérer, en premier lieu, que les enseignants ont réussi à instaurer une première représentation discursive qui montre un IMP déconnecté du présent et un PC en relation avec le présent. En observant les élèves, nous pouvons affirmer, les critères qu'ils utilisent pour faire la différence entre PC et IMP sont : 1/ l'aspect lexical du procès, 2/ la mise en relief pour l'IMP (jamais pour le PC), 3/ l'effet d'interruption du PC sur les procès antérieurs, 4/ une notion plus ou moins précise d'achevé et de non achevé, et 5/ la grammaire intériorisée en allemand des apprenants. Mais le choix de ces critères, est-il différent en fonction du moment ? Avant la contextualisation, nous

Enseigner les références temporelles du français 49

constatons que c'est surtout l'aspect lexical qui est mis en avant dans les manuels. On y retrouve notamment les descripteurs classiques. En particulier, pour le PC, c'est l'antériorité, le procès bref et le premier plan. En revanche, pour l'IMP, c'est la non limite de durée (la longueur du temps) et la description. De fait, les manuels opposent, d'une part, la double perspective de la mise en relief et, d'autre part, les procès longs ou brefs. Or, comme une antériorité ou un premier plan sont difficilement compatibles avec le sens du procès du verbe, ces descripteurs seront finalement peu ou pas (et parfois mal) utilisés. Nous avons constaté que le critère principal, après la contextualisation, pour sélectionner le PC ou l'IMP, est fondé sur le mode d'action, de type duratif, du verbe analysé. Et lorsque la durée envisagée par le verbe ne suffit plus, les apprenants utilisent l'antériorité pour déterminer si le verbe doit être mis au PC ou non. Dans cette optique, ils alternent IMP et PC en fonction des moments qu'ils considèrent comme brefs ou achevés dans le passé (PC) et ceux qui décrivent les évènements, la situation (IMP). Comme dans un récit, cette façon de percevoir le procès des verbes est majoritaire, peu importe si ce qui est décrit est une action qui fait avancer le récit ou une description, ce sera l'IMP qui dominera. Autrement dit, les élèves ne comprennent pas, fondamentalement, la notion d'accompli/inaccompli. C'est par le filtre de la durée du procès, donc à travers le sémantisme lexical, qu'ils y parviennent. Ce filtre s'affine avec le niveau, passant de bref/long, à l'interruption du long, puis à la vision achevée et non achevée. En revanche, c'est l'aspect lexical, descripteur du ponctuel et du long, qui en est la porte d'entrée.

A ce propos, on peut avancer un double niveau d'explication. Le premier niveau est issu de l'emploi des grammaires et des manuels. Les apprenantes ont en partie (parfois imparfaitement) intégré les explications des manuels. Et c'est toujours la morphosyntaxe qui domine en faisant reposer l'opposition PC/IMP sur une opposition de durée – ce qui est intrinsèquement inexact. Puis, arrive la grammaire textuelle et fonctionnelle dont le discours tient compte du texte et du contexte. Mais les apprenants ne retiennent que difficilement l'idée d'une description qui va s'opposer à une non-description, concept pour le moins flou qui explique le peu de cas que font les apprenants de ce descripteur et de la mise en relief pour le PC. Et le second niveau de notre lecture relève des difficultés d'emploi des temps. Il convient de souligner que l'expérience personnelle et plurielle des apprenants provenant de diverses situations dans lesquelles elles ont eu à se servir du français, vont, en partie, leur permettre de contourner ces difficultés. C'est ainsi que les apprenants réutilisent ce qu'ils connaissent en s'appuyant sur leur langue maternelle, le mode d'action d'un point de vue perfectif/imperfectif, et pour ce qui semble fonctionner, sur leur grammaire intériorisée.

Conclusion

Chercher à faire évoluer les représentations langagières suppose avant tout de les caractériser et de les identifier. Les croyances grammaticales communément acceptées sont de nature fort diverse mais elles méritent d'être qualifiées globalement de culturelles tant elles ont une valeur identitaire pour les apprenants, au sein des différents contextes éducatifs. Dans notre étude, si didactiser l'aspect grammatical nous paraît toujours une voix intéressante à suivre, il semble que l'aborder en un unique cours n'est pas la meilleure solution, pour deux raisons. Ce dernier génère, d'une part, des interférences comme sources d'erreurs nouvelles. D'autre part, la présentation de l'*Aktionsart* s'est révélée peu utile, ou même source de confusions. Pourtant, parvenir à séparer aspect lexical et aspect grammatical demeure essentiel, mais cela suppose une didactisation/contextualisation spécifique, qui devrait avoir lieu en amont du cours (cf. Samain, 1998).

Plus particulièrement, pour les apprenants allemands, la priorité demeure la séparation à effectuer entre procès long et inachevé. C'est donc sur le mode d'action qu'il faudrait concentrer les premiers efforts. Un processus inscrit dans le temps permettrait ensuite de suivre les apprenants sur ces questions et de mieux corriger les interférences se produisant entre les représentations antérieures et les conceptualisations nouvelles. Enfin, déployer l'aspect grammatical entre les niveaux de référence, ce serait, à notre sens, encourager une pédagogie de classe qui pourrait s'affranchir du cloisonnement propre à la conjugaison et ainsi didactiser autrement la grammaire du verbe, qu'il s'agisse du subjonctif, du passé simple, ou des emplois si particuliers de l'imparfait.

Bibliographie

Auroux, Sylvain, 1998, *La raison, le langage et les normes*, Paris : PUF.
Azzopardi, Sophie & Bres, Jaques, 2017, *Le système temporel et aspectuel des temps verbaux de l'indicatif* (en français) Nancy, France : Presses universitaires de Nancy.

Baylon, Christian & Fabre, Paul, 1978, *Grammaire systématique de la langue française*, Paris : Nathan.

Beauzée, Nicolas, 1767, *Grammaire Générale, ou Exposition raisonnée des éléments nécessaires du langage, pour servir de fondement à l'étude de toutes les langues*, Paris : J. Barbou, 2 vol.

Benveniste, Émile, 1966, *Problèmes de linguistique générale*. Paris, Gallimard.

Berthonneau, Anne-Marie & Kleiber, Georges, 1999, « Pour une réanalyse de l'imparfait de rupture dans le cadre de l'hypothèse anaphorique méronomique » *Cahiers de praxématique* 32, 119–166.

Berthoud, Anne-Claude, 2000, « Construction énonciative et interactive de la référence », *in* : Moeschler, Jacques et Béguelin, Marie-José (éd.), *Référence temporelle et nominale*, Berne, Peter Lang, 123–143.

Besse, Henri, 1984, « Contexte(s) et enseignement/apprentissage d'une grammaire », *in* : Filliolet, Jaques et Porquier, Rémy (dir.) Linx, *Didactique des langues étrangères*, 11, 7–26. Site Persée : https://www.persee,fr/doc/linx_0246-8743_1984_num_11_1_1010

Besse, Henri, 2000, *Propositions pour une typologie des méthodes de langue* (thèse de doctorat non publiée, université de Paris 8, France).

Blanche-Benveniste, Claire & Chervel, André, 1969, *L'orthographe*, Paris : Maspéro.

Blondeau, Guillaume, 2020, *La prise de conscience chez des apprenants de langue allemande de la valeur de l'aspect grammatical portée par le passé composé et l'imparfait en langue française*. Mémoire Master 2, Université Sorbonne Nouvelle, non publié, sous la direction de Sofia Stratilaki-Klein.

Blondin, Jean-Marc, 1819, *Grammaire latine démonstrative comparée par analogie avec le français*, Paris : Brianchon.

Bouard, Berengère, 2007, Structure de la proposition et construction verbale : régime, complément et transitivité, dans les grammaires françaises, 1651–1863. Linguistique. Université Paris-Diderot- Paris VII, 2007. HAL <tel-00373956>

Bres, Jaques 2005, *L' imparfait dit narratif.* Paris : CNRS.

Bruley, Cécile (dir.), 2021, *Analyse contrastive du discours grammatical*. Les Carnets du Cediscor, 16, Paris : Presses Sorbonne Nouvelle.

Calba, Pierre, 2014, « Étude théorique et analyse didactique des phénomènes aspectologiques du passé composé et de l'imparfait », in : Sciences de l'Homme et Société En ligne : ffdumas-01015780f https://pdfssemanticscholarorg/3c71/b4071e92a69915fc4a73277fdd0fceede1f0pdf

Chevalier, Jean-Claude, Blanche-Benveniste, Claire, Arrivé, Michel & Peytard Jean, 1964, 1982, *Grammaire Larousse du français contemporain* Paris : Larousse.

Chevallard, Yves, 1985, 1991, *La transposition didactique. Du savoir savant au savoir enseigné*. Grenoble : La pensée sauvage.

Chiss, Jean-Louis, 2002, 2011, « Débats dans l'enseignement-apprentissage de la grammaire ». *Le français aujourd'hui*, 5, En ligne : https://www.cairn.info/revue-le-francais-aujourd-hui-2011-5-page-129.htm, 129–138.

Chiss, Jean-Louis, Filliolet, Jacques & Maingueneau, Dominique, 1986, *Linguistique française. Initiation à la problématique structurale*, tome 1 Paris : Hachette.

Culioli, Antoine & Desclés, Jean-Pierre, (avec la collaboration de K. Kabore et Dj. Kouloughli), 1981, *Systèmes de représentations linguistiques et métalinguistiques. Les catégories grammaticales et le problème des langues peu étudiées*. Collection ERA 642, Laboratoire de Linguistique Formelle, Paris : Université de Paris 7, p. 25.

Cuq, Jean-Pierre & Gruca, Isabelle, 2017, *Cours de didactique du français langue étrangère et seconde*. Fontaine, France : Presses universitaires de Grenoble.

Damourette, Jacques & Pichon, Édouard, 1970, *De mots à la pensée. Essai de grammaire de la langue française*. 1911–1936. Paris : Editions d'Artrey.

Desclès, Jean-Pierre, 2003, « Imparfait narratif et imparfait de nouvel état en français », *in* Wies a Bany, Leszek Bednarczuk Kazimierz Pola ski (dir), Études linguistiques romano-slaves offertes à Stanislaw Karolak Cracovie: Edukacja: 131–155.

Dominicy, Marc, 1984, *La naissance de la grammaire moderne. Langage, logique et philosophie à Port-Royal*, Liège : Mardaga.

Dubois, Jean, Gicomo, Mathée, Guespin, Louis, Marcellesi, Charles, Marcellesi, Jean-Baptiste et Mével, Jean-Pierre, 1994, *Le dictionnaire de linguistique et des sciences du langage*. Paris, France : Larousse.

Ducrot, Oswald, 1984, *Le dire et le dit*. Paris : Editions de Minuit.

Gardes-Tamine, Joëlle, 2010, *La grammaire : syntaxe. 5e édition*, Paris : Colin.

Goffman, Erwing, 1987, *Façons de parler*. Paris, Minuit.

Grégoire, Maia & Thiévenaz, Odile, 2005, 2003, *Grammaire progressive du français*. Neue deutsche Ausagabe, Klett, CLE International, Stuttgart.

Grevisse, Maurice, & Goosse, André, 1936, 2016, *Le bon usage*. Louvain-la-Neuve, Belgique : De Boeck Supérieur.

Kalmbach, Jean-Michel & Stratilaki-Klein, Sofia, « Quelles grammaires du français pour les allophones ? » (dir.), 2018, *Information grammaticale* 157.

Kalmbach, Jean-Michel, & Stratilaki-Klein, Sofia (éds.), 2015, *Actes du 2e Colloque international du GRAC : Descriptions linguistiques et descriptions pédagogiques pour l'enseignement et l'apprentissage du français*. Université Sorbonne Nouvelle – Université de Jyväskylä. http://www.univ-paris3.fr/medias/fichier/actes-colloque-grac_1450368800137.pdf

Kalmbach, Jean-Michel, 2018, « De l'article partitif aux expressions partitives : l'apport des descriptions contextualisées à la description de la grammaire du français en général », *in* Kalmbach, Jean-Michel & Stratilaki-Klein, Sofia (éds), Information grammaticale 157, 23–30.

Kozareva-Levie, Yordanka, 2011, *L'aspect grammatical et ses manifestations dans les traductions en français de textes littéraires bulgares*. Thèse de doctorat, non publiée, Université Sorbonne Nouvelle.

Lachet, Caroline, 2014, « Pratiques et représentations grammaticales des étudiants à l'université », in Kalmbach, Jean-Michel et Stratilaki-Klein, Sofia (dir.). *Acte du 2ᵉ colloque international du GRAC. Descriptions linguistiques et descriptions pédagogiques pour l'enseignement et l'apprentissage du français*. 70–82.

Lebas-Fraczak, Lidia, 2009, « Évolution méthodologique en FLE : quelles conséquences pour l'apprentissage de la grammaire ? », actes du colloque *Langues, éducation et interculturalité*, Tirana, Albanie, le 23 avril 2009, 176–189.

Maingueneau, Dominique, 1984, *Genèse du discours*. Bruxelles : Pierre Mardaga, Philosophie et langage.

Maingueneau, Dominique, 1994, 1999, *L'énonciation en linguistique française*. Paris : Hachette.

Maingueneau, Dominique, 1996, 2009, *Aborder la linguistique*. Paris : Seuil.

Maingueneau, Dominique, 1998, 2000, *Analyser les textes de communication*, Paris : Nathan.

Pariente, Jean-Claude, 1984, « Grammaire et logique à Port-Royal », *Histoire Epistémologie Langage*, VI–1, 57–75.

Peeters, Bert, 2008, « L'imparfait dit « narratif » dans les faits divers de la presse écrite : défocalisation et refocalisation », *in* : Pierre Marillaud &

Robert Gauthier (dir.), Langage, temps, temporalité :28e Colloque d'Albi Langages et Signification, Albi/Toulouse : CALS/CPST: 55–65.

Peeters, Bert, 2017, « Le soir même...l'imparfait défocalisé », in Hrubaru, Florica, Moline, Estelle & Velicu, Anca-Marina (ed.), Nouveaux regards sur le sens et la référence. Hommages à Georges Kleiber Cluj: Echinox, 257–280.

Rebotier, Aude, 2010, « Les emplois stéréotypiques des temps narratifs en français ». *Textes et contextes* 5, 19–31.

Repiso, Isabel, 2013, *Parlons de l'irréel. L'expression de la contrefactualité en français, en espagnol et en italien et par des apprenants hispanophones et italophones de français* (thèse de doctorat, Université d'Aix-Marseille).

Riegel, Martin, Pellat, Jean-Christophe & Rioul, René, 1994, 2018, *Grammaire méthodique du français*. Paris, France : Presses universitaires de France.

Samain, Didier, 1998, « Hypothèse dynamique ou modèle valenciel. Quelques remarques sur l'évolution du concept de transitivité », in Rousseau, André, (éd.), *La transitivité*, Villeneuve d'Ascq : Presses universitaires du Septentrion, 39–54.

Saussure, Louis de, 2003, *Temps et pertinence. Eléments de pragmatique cognitive du temps*. Bruxelles, De Boeck-Duculot.

Stratilaki-Klein, Sofia, 2018, « Contextualisation et (re)présentations du discours grammatical : la description du passé dans les grammaires allemandes », in Kalmbach, Jean-Michel & Stratilaki-Klein, S. (éds), 2018, *Information grammaticale*. 157, 12–23.

Touratier, Christian, 1996, *Le système verbal français (Description morphologique et morphématique)*. Paris : Colin.

PARTIE 2.

CARACTÉRISTIQUES DU DISCOURS ET DES DESCRIPTIONS PRÉSENTES DANS LES GRAMMAIRES FRANÇAISES

Chapitre 3.

Quelle grammaire pour apprendre ?

JEAN-CLAUDE BEACCO

Introduction

On a déjà, et depuis longtemps, signalé la polysémie maligne du terme *grammaire* (Besse & Porquier, 1984) et l'on tend aussi à privilégier une analyse des modalités didactiques de son enseignement : ainsi en va-t-il, par exemple, d'une étude sur les manuels de français en Turquie (1931–1949) qui se limite délibérément à la méthodologie et ne dit rien des contenus retenus (Kartal, 2014). Mais on semble s'être moins interrogé sur les descriptions du français à mobiliser pour faciliter et accompagner l'acquisition de cette langue comme langue étrangère, à savoir les « contenus » de l'enseignement de la grammaire.

Nous poserons, pour notre part, comme vraisemblable que le recours à des descriptions du français contribue, à sa manière, à cet apprentissage, partout où les apprenants en expriment le besoin, par exemple, parce que cela les sécurise. Cette demande aussi peut être induite et s'expliquer par le fait qu'ils ont été habitués à « faire de la grammaire » dans le cadre de la scolarisation primaire pour aborder réflexivement leur « langue maternelle » (ou la langue de scolarisation principale), ceci pour apprendre à gérer le système graphique ou encore pour se doter d'une compétence de production écrite de genres textuels ne faisant pas encore partie de leur répertoire discursif (dont les textes d'orientation scientifique et technologique). Une telle « dépendance de la grammaire » est variable culturellement (par ex., France *vs* Royaume Uni), en fonction de la distance des langues (par ex., japonais *vs* espagnol) ou en fonction de la nature du type d'activités qui constituent la base de l'enseignement : projets ou activités collaboratives *vs* présentation de la description de la langue cible par l'enseignant et exercices fermés d'application. De manière générale, on considère que, dans le cadre d'une éducation plurilingue conçue comme mise en relation des langues étudiées, une des transversalités à construire se fonde sur des activités de nature réflexive, dont certaines porteront bien évidemment sur les formes des mots, leurs combinaisons possibles, la forme des textes et les caractéristiques des genres discursifs (Beacco *et al.*, 2015).

Cela étant, reste donc entière la question des *contenus grammaticaux* à utiliser, à savoir des éléments de langue pour lesquels il convient de fournir ou de faire découvrir une terminologie, des catégories, des descriptions ou des explications. C'est la question que posait J.-C. Chevalier : *Quelle grammaire enseigner ?* En 1968 dans un article du *Français dans le monde*, préoccupation que nous reprenons ici sous une formulation voisine qui serait : *Qu'enseigner dans la grammaire ?* Faut-il, dans tous les contextes d'apprentissage et à tous les niveaux de la maîtrise de la langue cible, utiliser la catégorie mode ou complément d'objet indirect du verbe, expliciter la différence de sens entre *parce que* et *puisque*, faire utiliser le passé simple en particulier aux personnes 2, 4 et 5 (malgré l'indémodable : « Vous mourûtes au bord où vous fûtes laissée » de *Phèdre*) ? Quels fonctionnements, structures, catégories, combinatoires, paradigmes, etc. sont à privilégier, qui soient de nature à guider les productions des apprenants et leur compréhension des textes oraux et écrits ?

1.1. Le français des grammaires : un objet-langue à géométrie variable

Cette question est occultée par le fait que les grammaires de référence, scientifiques ou pédagogiques, se présentent comme rassemblant « tout ce qu'il faut savoir » d'une langue. Les choix sont alors rendus passablement superflus par le fait que ces ouvrages tendent à faire confondre ce qui est l'objet d'une description, voire d'une explication (la « totalité de la langue »), et ce qu'il convient de s'approprier pour progresser dans la maîtrise d'une langue. Conçues pour la consultation, elles invitent malgré tout à une utilisation systématique, complète et ordonnée du « simple au complexe », de tous les contenus descriptifs retenus, de l'article défini à la circonstancielle de concession et au subjonctif imparfait. Mais nous n'aborderons pas ici la question de la progression, c'est-à-dire celle de la répartition sur toute la durée des apprentissages des éléments de grammaire contribuant à l'appropriation de la langue (Beacco, 2010, chap. 9), soit de A1 à B2, niveau qui se caractérise par le fait que : « des bévues occasionnelles, des erreurs non systématiques et de petites fautes syntaxiques peuvent encore se produire, mais elles sont rares et peuvent être corrigées rétrospectivement » (*Cadre européen commun de référence pour les langues*).

Or, ces grammaires présentent elles-mêmes une certaine variabilité quant aux contenus abordés, comme cela a été souvent observé. Cette diversité tient d'abord au fait que toute grammaire d'une langue est une représentation hypothétique de celle-ci, la construction d'un dispositif descriptif-explicatif aussi cohérent que possible que l'on élabore à partir des textes de cette langue, qui sont les seuls observables. Un corpus de textes est indispensable pour construire une grammaire : s'il est trop limité, cette entreprise est impossible, raison pour laquelle l'étrusque, par exemple, n'en possède pas et qui fait que le vénète ne fait l'objet que d'un manuel (Lejeune, 1974). Les grammaires du français ont longtemps été fondées sur des corpus de textes littéraires. Puis elles se sont ouvertes à de l'écrit standard, mais elles font encore peu appel au français parlé spontané, voire aux grands corpus utilisés pour le traitement automatique. Les enseignants (et les apprenants) de français soulignent volontiers l'absence d'une prise en compte conséquente des pratiques langagières orales (morphologie et syntaxe), pourtant présente, par exemple, dès 1983 dans la méthode du Crédif *Archipel* (Courtillon & Raillard, 1983). Mais cette demande légitime est finalement bloquée par le souci d'enseigner un français qui ne mette pas l'allophone en porte-à-faux sociolinguistique et conduit à ne laisser qu'une place réduite à l'oral dans les grammaires, au mieux dans la section consacrée à la prononciation (quand elle existe) et à la morphologie.

Une autre cause de différence des descriptions proposées par les grammaires tient aux concepts descriptifs utilisés qui proviennent de théorisations linguistiques différentes. Ainsi, la grammaire de J. Dubois (1965 ; 1968) est l'une des premières à se fonder sur des démarches propres à la linguistique structurale et elle examine des catégories connues, le nombre, par exemple, en analysant les marques qui le caractérisent dans le code écrit et le code oral. Vingt-cinq ans plus tard, la grammaire de P. Charaudeau (1992) se situe de manière très originale dans le cadre de l'analyse du discours et de la linguistique de l'énonciation et décrit, par exemple, l'autorisation et le jugement ou encore la logique argumentative. Ces ouvrages cherchent eux aussi à décrire « la totalité de la langue » mais à partir d'une seule perspective théorique bien déterminée, alors que les grammaires de référence font coexister des points de vue différents en fonction des aspects de la langue considérés.

Les grammaires destinées à des apprenants proposent une description par mots, catégories de mots et groupes de mots (groupe du nom, groupe du verbe, phrase, etc.), qui présente une certaine efficacité « opérationnelle » Mais l'une des caractéristiques des grammaires scolaires et, indirectement, de celles destinées à l'enseignement/apprentissage du français comme langue étrangère, est de faire porter outre mesure l'accent sur l'analyse des fonctions remplies par ces mots dans les énoncés : cette analyse « logique » fondée sur des catégories sémantiques assez floues est d'une utilité relativement discutable pour de tels apprentissages. A-t-on vraiment besoin de la fonction « attribut du sujet » pour produire des phrases avec *être* ou *sembler* + adjectif ? (voir *infra*). Ce qui est commun à la plupart des grammaires est qu'elles proposent des descriptions du français à utiliser selon l'ordonnancement et la structuration interne (noms, déterminants, verbes, pronoms, etc.) qu'elles ont adoptés et non en fonction de « besoins en description » spécifiques et identifiés.

1.2. Le français des grammaires : quelles dimensions lexicales ?

La question des contenus à utiliser pour les apprentissages doit aussi compter avec ce que les grammaires ne décrivent pas, aspects du français qui sont considérés comme relevant des dimensions lexicales de la langue. En effet, les analyses syntaxiques du français trouvent leurs limites dans le fait que, dans cette langue comme dans d'autres, toutes les expressions ou suites de « mots » ne relèvent pas des régularités de combinaisons que celles-ci mettent en évidence. La liberté combinatoire est limitée dans ce que l'on nomme : *expressions idiomatiques, collocations, locutions, phraséologie* (González Rey, 2002) ... Ce figement s'accompagne aussi de certaines formes d'opacité sémantique qui fait que l'on ne peut reconstruire le sens à partir des éléments constitutifs : *clé anglaise, la moutarde lui monte au nez, prendre la clé des champs*. Un domaine particulièrement sensible pour les apprentissages est celui des phrases, autres que les proverbes ou locutions similaires (*vouloir le beurre et l'argent du beurre*), qui comportent un verbe opérateur (ou verbe support) : le choix du verbe est contraint par son objet en quelque sorte, comme dans *avoir faim, être ingénieur, donner un conseil, prendre une douche, mener un combat, pousser un cri* (Gross, 1996). Cette absence de liberté syntaxique est source de confusions pour les apprenants (*I am hungry* vs *j'ai faim*) et n'est pas souvent prise en compte dans les grammaires et dans l'enseignement de celle-ci.

Le fait que les grammaires représentent la langue française comme essentiellement combinatoire tend aussi à minimiser les relations préférentielles entre les mots qu'I. Mel'čuk (en collaboration avec N. Arbatchewsky-Jumarie) recense dans son *Dictionnaire explicatif et combinatoire* (1999) : pour exprimer la quantité, à *applaudissements* sont associés de manière prévisible : *tonnerre, timides, nourris* et aussi des verbes comme *fuser, éclater*. Les grandes peurs sont *bleues*, les fortes pluies *torrentielles*, l'inflation *larvée* ou *galopante* suivant le cas. Ces combinatoires stabilisées et attendues sont aussi désignées par le terme *cliché* dans une perspective stylistique ou inclues dans les variations diaphasiques, au sens de F. Gadet. Elles ne sont en rien obligatoires mais souvent inévitables, car ne pas s'y tenir constitue un écart, non pas à la grammaticalité mais à l'acceptabilité/la propriété (au sens de D. Hymes) d'un énoncé par rapport au contexte et aux conventions communicatives propres à une communauté donnée. En ce sens, elles devraient être intégrées à une description de la langue destinée à l'enseignement, alors qu'elles ne sont abordées qu'au coup par coup et dans le domaine lexical. Dans le même ordre de phénomènes, il convient de mentionner nombre d'énoncés oraux qui sont locutionnels, formules toutes faites associées à une situation de communication donnée, comme : *Et avec ça ? C'est pour quoi ?* dans les interactions de service (Fléchon, Frassi & Polguère, 2012). Plus largement, on retrouve là la question des réalisations conventionnelles des actes de langage, qui a conduit à la réalisation d'inventaires de référence depuis *Un Niveau seuil* (Coste *et al.*, 1976). Par exemple, dans la section des actes de parole consacrée à l'expression du refus (refuser de faire soi-même, II.24), sont listées des formulations comme : *je suis désolé mais..., pas maintenant, plus tard, une autre fois, ce n'est pas le moment*, etc. qui s'imposent si l'on entend se conformer aux habitudes/règles de communication qui définissent la propriété des énoncés.

Ces aspects du français ne sont pas souvent décrits de manière consistante dans les grammaires qui se concentrent sur le système et non sur les pratiques communicatives : la *Grammaire méthodique du français* (Riegel, Pellat & Rioul , 2014) leur consacre quelques pages (les actes de langage indirects) ; le phénomène est décrit globalement et propose deux types majeurs d'actes indirects, dits respectivement *de dérivation allusive*

(*Il fait froid ici ; il est tard* ; etc.*)* et *trope illocutoire* (*Avez-vous l'heure ? Pouvez-vous me passer le sel ?* etc.).

À côté de ces régularités de langue et des formes de la communication, dans ce qu'elles ont de ritualisé, qu'elles laissent de côté, les grammaires décrivent des caractéristiques du français qui relèvent en fait du lexique et de la sémantique. Les prépositions, par exemple, sont certes susceptibles d'entrer dans la construction de groupes nominaux qui remplissent diverses fonctions (complément du verbe, circonstanciels, etc.) et qui occupent certaines places dans l'énoncé. Et cela doit être relativement complexe pour les apprenants, car ils doivent finir par savoir quelle(s) préposition(s) est (sont) utilisables avec un verbe donné. Mais, dans ces cas et surtout pour les groupes prépositionnels « adjoints/mobiles/circonstanciels », ce qui est le plus important est bien la valeur sémantique de chaque préposition. De manière assez parlante, la *Grammaire des prépositions* (Franckel & Paillard, 2007) comporte des descriptions syntaxiques, mais elle aborde aussi les valeurs sémantiques des prépositions une par une (*entre, sur, sous,* etc.). Un autre traité spécialisé (Melis, 2003) consacre lui aussi deux chapitres distincts, l'un aux questions syntaxiques et l'autre aux problématiques sémantiques liées aux valeurs des prépositions. L'on distingue aussi les prépositions abstraites (comme *à*) de celles dont le sens est plus « plein » (comme *vers* ou *contre*). Et l'on pourrait avancer des considérations comparables pour les conjonctions et leurs descriptions, elles aussi à cheval sur la syntaxe et la sémantique.

La question de savoir si tel ou tel aspect du français relève de la grammaire ou de l'étude du lexique est, de manière évidente, une question de linguiste. Mais pour un enseignant, cette distinction est perçue comme une différence méthodologique, car l'enseignement de la grammaire est fondé sur des croyances, des principes et des activités qui ne sont pas identiques à ceux de l'enseignement du lexique. Celui-ci est, en effet, souvent mis en place en réponse à des problèmes immédiats surgis au fil des textes ; il prend rarement un tour systématique (famille de mots, suffixes, mots composés, etc.) ; il mobilise une terminologie très réduite ; il suscite de la curiosité à travers l'histoire des mots et l'étymologie ; il ne fait pas appel à des exercices répétitifs et à réponse fermée mais à des associations (à des images, par exemple) ... Tout ceci différencie fortement l'enseignement du lexique des enseignements de grammaire tels qu'ils sont généralement organisés. Par exemple, l'emploi de *bien que* peut être éclairé par celui de *même* (*même moi je peux me tromper !) même si, tout de même, quand même, pourtant*, etc. et n'est pas à réduire à la question du temps/mode qu'il commande.

Si tous les aspects « hors grammaire » énumérés plus haut et les caractéristiques de la grammaire du français qui relèvent de descriptions lexicales étaient traités dans une approche pédagogique d'orientation lexicale, on pourrait espérer que des activités métalinguistiques ainsi conçues (plus « légères », prenant en compte le sens) répondent davantage aux « besoins de grammaire » des apprenants.

1.3. Les besoins en grammaire selon les compétences de communication

Les besoins en grammaire des apprenants sont à prendre en charge, selon nous, non par un programme grammatical systématique standard (organisé en gros comme le sommaire des grammaires), mais par une forme de répartition qui devrait tenir compte de priorités. Et ce sont celles-ci que nous allons chercher à définir. Nous le ferons d'ailleurs sans tenir compte des parcours acquisitionnels et des structurations successives des interlangues, pour autant qu'elles soient généralisables : il conviendra de croiser ces priorités relevant des apprentissages avec celles dépendant des formes de la communication verbale.

Mais, auparavant, il importe de souligner que ces besoins peuvent aussi se manifester à des questions des apprenants ou encore à des difficultés de compréhension ou de production auxquelles l'enseignant est souvent amené à réagir spontanément. Ce sont des demandes qui ne répondent pas à une sorte de logique interne de la description de la langue mais qui constituent des incertitudes ou perplexités grammaticales : elles supposent que l'enseignant soit en mesure de mobiliser rapidement des ressources descriptives adéquates. Il peut faire appel à des connaissances établies qui lui sont familières, avec le risque de reproduire la *doxa* grammaticale traditionnelle, qui n'est pas toujours éclairante et peut même conduire à des erreurs (en particulier, du fait de la non-coïncidence des terminologies, comme le souligne H. Besse, 2005). Il sera amené à consulter des grammaires de référence, mais il est sans doute préférable qu'il se reporte à des grammaires alphabétiques. Certes, il demeure possible d'utiliser les sommaires des grammaires, mais celles qui ont été conçues comme constituées d'« articles » distincts (à la manière des dictionnaires) et non comme des suites d'éléments hiérarchisés (classés par parties, chapitres, sections, etc.) proposent sans doute des descriptions plus « légères » en ce qu'elles n'ont pas à produire le discours justifiant l'organisation hiérarchique. Ce type d'ouvrage est trop rare ; on citera surtout *La grammaire d'aujourd'hui* (Arrivé, Gadet & Galmiche, 1986) tout en soulignant que les grammaires en ligne sont désormais susceptibles d'adopter ce mode de consultation, d'autant qu'elles peuvent en proposer plusieurs (voir la *Grammaire actuelle et contextualisée*[11]).

S'il ne s'agit pas d'activités grammaticales réalisées à la volée et *ex tempore*, mais qu'on veuille se donner des critères de priorité autres que ceux fondés sur la nature de l'évolution des interlangues, il devient incontournable de se fonder sur les caractéristiques des textes oraux et écrits. Mais aborder telle ou telle caractéristique du français dans n'importe quel texte ne garantit pas que celle-ci y soit présente de manière significative, soit en termes d'observables et de micro-corpus, soit en termes de caractéristiques propres du genre de texte concerné. Si proposer des énoncés en contexte sémantique défini (et non des phrases « dans le vide », comme les exemples de grammaire) est une avancée notable en didactique de la grammaire, les proposer aussi en contexte linguistique éclairant et en contexte discursif approprié constituerait une avancé ultérieure. Ce critère de sélection des traits grammaticaux à aborder en priorité à partir des formes des textes qui relèvent d'un même genre (bulletin météo, fait divers, horoscope, slogan, reportage, compte rendu de rencontre de football, critique d'un roman dans la presse littéraire, etc.) est bien connu dans la mesure où il a justifié, dès les années 1975, l'utilisation de l'analyse du discours en didactique du français langue étrangère. Force est de constater que le rôle de l'analyse du discours est demeuré limité (Beacco, 1986) dans l'élaboration des manuels et, probablement, dans les pratiques d'enseignement, pour des raisons sur lesquelles nous ne reviendrons pas ici.

À défaut de cette sélection des faits de langue à partir des régularités formelles que présentent les textes appartenant à un même genre, une solution plus légère est de s'en tenir globalement aux caractéristiques communes des formes majeures de la communication verbale, soit l'interaction, la production et la réception orales et écrites, qui constituent des catégories englobant les genres. Par exemple, pour la réception de l'oral spontané, il importe de mettre en évidence les mots phoniques

---

[11] http://www.francparler-oif.org/grac-a1a2/

produits par l'effacement du *e* dit muet, les formes orales des pronoms ([i] pour *il*), considérant qu'une proportion importante des énoncés oraux dans l'interaction est en *je*, les formes orales des verbes (trois formes orales pour les verbes « réguliers » en -er -), l'organisation des énoncés où peuvent se succéder des suites de mots (parataxe) et des mots enchainés selon la syntaxe : *moi franchement tout ça ces histoires c'est n'importe quoi j'y crois pas* toutes les formes de détachement : *ça fait quatre bus que je rate* ; *moi je viens d'arriver* ; *ma tante, ses confitures j'aimais bien ça quand j'étais petit* ; etc. Outre cela, il est utile de familiariser très rapidement les apprenants avec les réalisations conventionnelles les plus courantes des actes de langage : [ia] *pas de quoi* (réaction à *merci*) ou encore avec les mots-phrases comme : *d'accord, tout de suite, bon alors*, etc. qui sont répertoriés les uns et les autres dans les *Niveaux pour le français* (Beacco *et al.*). Pour une autre compétence comme la réception des écrits (dite généralement *lecture*, même si ce terme est ambigu), on considérera qu'il faut mettre l'accent sur la ponctuation (en particulier les virgules, les deux points, les parenthèses, etc. ; voir Dahlet, 2003), les paragraphes, marqués ou non par un alinéa, dans la mesure où ce sont des unités textuelles de sens signalées de la sorte par le scripteur, les relatifs, les connecteurs, en particulier ceux qui ont des valeurs d'énumération (*ensuite*) ou d'explication (*car, en effet, parce que*, etc.)...

Ces filtrages par les textes de la description intégrale du français disponible dans les grammaires de référence sont encore bien larges et appellent des observations des pratiques de classe, pour établir quels faits de langue sont concernés de manière saillante dans les séquences méthodologiques centrées sur une compétence communicative donnée. Quoi qu'il en soit, que ces contextualisations textuelles des activités métalinguistiques soient seulement sémantiques ou aussi linguistiques et discursives invite à des systématisations ordonnées en réponse à des besoins, mais non définies a priori.

1.4. Les besoins en grammaire selon la langue première des apprenants/langue de scolarisation principale

Un autre critère de sélection des caractéristiques du français à aborder de manière prioritaire relève des langues mises en contact par l'enseignement/apprentissage soit, pour faire simple, la langue de l'École et la langue étrangère cible. Privilégier les éléments de langue cible dont l'appropriation est plus ou moins commandée par la langue première des apprenants (si la langue de scolarisation est bien aussi la langue de la famille) est une option qui a une longue histoire, celle des approches contrastives. On ne reviendra pas sur les évolutions tourmentées de cette hypothèse : on peut admettre *a minima* que toutes les erreurs ne proviennent pas du filtrage par la langue première mais que, si la linguistique contrastive n'est pas en mesure de prédire les erreurs des apprenants, elle peut rendre compte a posteriori de leur origine, spécialement celles de nature syntaxique et morphologique, dans le cas de ressemblances, lesquelles donnent lieu à des transpositions de la L1 vers la L2 par exemple pour des italophones : *il mio amico*, *le mon ami. C'est le point de vue exposé (mais ce n'est évidemment pas le seul dans ce domaine controversé) dans une recherche sur la littérature relative à l'analyse contrastive, qui conclut que celle-ci contribue à une meilleure compréhension des processus d'acquisition des langues (Al-khresheh, 2016), au moins par les formes de réflexivité métalinguistique qu'elle peut susciter chez les apprenants, surtout ceux de niveau avancé (James, 2005 ; Mair, 2005).

Nous n'avons certes pas à trancher sur le fond mais, si nous nous situons dans une perspective didactique (et non linguistique ou acquisitionnelle), on peut constater que cet intérêt pour les mises en relation des descriptions des langues en contact pour accompagner les apprentissages ne se dément pas. Passé l'enthousiasme initial qui a entouré l'arrivée de cette perspective (tel que celui de F. Debyser, 1970), l'utilité de ces mises en regard pour les apprentissages ne s'est pas démentie : L. Dabène argumente en 1975 pour une didactique des langues voisines qui s'appuie essentiellement sur les similitudes et les différences des caractéristiques des deux langues concernées (espagnol et français) et qui insiste sur le fait que : « dans les langues « proches » – contrairement aux langues « lointaines » – c'est au niveau de l'expression que l'élève prend conscience des différences entre L1 et L2, bien plus qu'au niveau de la compréhension ». Sans surprise, la didactique de l'intercompréhension des langues romanes se fonde largement sur des mises en relation des langues concernées : ainsi « au niveau de la syntaxe pan-romane, un phénomène saute aux yeux ; les structures fondamentales des langues romanes sont pratiquement identiques. On peut donc facilement reconnaître et localiser dans la phrase le sujet, le verbe, les objets ainsi que substantifs, adjectifs, adverbes, prépositions, articles, pronoms

(Meissner *et al.*, 2004) ». Sont aussi communs au français, au catalan, à l'espagnol, à l'italien, au portugais et au roumain, les propositions relatives, les propositions conditionnelles, les subordonnées conjonctives (*dire que* P, en français), le gérondif, certaines phrases interrogatives, etc. Ces ressemblances qui facilitent la compréhension sont aussi des causes possibles d'interférences bien connues des enseignants et elles constituent donc des « points » de grammaire à aborder de manière prioritaire. C'est dans ce même esprit que Forlot & Beauchamp (2008) appellent au développement d'une approche pédagogique « néo-contrastive » pour l'apprentissage de l'anglais dans le cycle primaire, à des formes réflexives de mise en relation des deux langues fondées, en particulier, sur l'historicité des circulations lexicales, en prenant aussi en compte le fait que ces ressemblances peuvent être étendues à des structures syntaxiques.

Depuis 2011, le projet du Réseau international *Grammaires et contextualisation* (GreC)[12] s'inscrit dans le même espace didactique. Il a pour objet d'identifier les modalités selon lesquelles les enseignants « adaptent » la description du français à leurs apprenants au lieu de reproduire la grammaire standard qui est largement identique à celle utilisée pour l'enseignement à des francophones natifs. Ces modalités de contextualisation reçoivent des formes « faibles », comme la présentation de la grammaire dans la langue des apprenants (à l'exclusion de la terminologie), la recherche d'exemples saillants, l'utilisation de schémas ou d'autres représentations iconiques, etc. On rencontre aussi des formes d'adaptation « fortes » comme l'emploi de la terminologie de la langue première pour décrire le français par exemple *nominatif* au lieu de *sujet* ; genre *neutre* pour *ça* et *rien* (*vs personne*) ou encore de véritables descriptions grammaticales, *ad personam* pourrait-on presque dire, qui se sont élaborées dans la durée et souvent collectivement, à partir de l'expérience de chaque enseignant, pour rendre compte principalement de fautes fréquentes dues à des interférences (voir par ex. Beacco *et al.*, 2014). Celles-ci sont identifiables dans des grammaires du français produites sur place essentiellement par des enseignants qui ont eux-mêmes appris le français comme langue étrangère (pour les grammaires produites en Italie, voir Fouillet, 2013).

On se trouve là devant une autre forme de focalisation sélective des faits de langue à privilégier dans des activités réflexives. Les enseignants

---

[12] https://methodal.net/Reseau-Grammaires-et-contextualisation

élaborent (ou utilisent) ainsi des représentations de la langue cible qui ne sont pas de nature scientifique (au sens des « sciences du langage ») mais qui, en un certain sens, relèvent des savoirs « sauvages » ou « populaires », au sens *folk linguistics* tels qu'ils sont explorés dans Niedzielski & Preston (2010)[13] et discutés, pour ce qui concerne le domaine francophone, où ces thématiques sont peu présentes, dans Achard-Bayle & Paveau (2008). À ce titre, ces grammaires de non experts entrent dans l'étude des croyances métalinguistiques et elles demandent à être prises en considération, ne serait-ce que pour y réagir, au même titre d'ailleurs que les croyances linguistiques des apprenants, dont certaines sont ancrées dans leur capital grammatical qui s'est essentiellement constitué dans l'enseignement consacré à la langue première dans le cycle scolaire initial. Mais, ces descriptions déviantes par rapport au discours grammatical dominant ne sont pas fondées sur des croyances sociales (comme celles relatives aux accents sociaux et régionaux) : elles n'obéissent pas aux canons méthodologiques de la linguistique du français, mais elles constituent des réponses aux attentes métalinguistiques des apprenants fondées sur l'expérience contrastive des enseignants et sur des connaissances de référence variée (grammaires de consultation, y compris les grammaires « locales »). Ces descriptions ne sont donc que semi-profanes et leur pertinence est à évaluer non en termes épistémologiques mais en fonction de leur capacité à éclairer des fonctionnements du français pour des apprenants allophones. On pourra accéder aisément à quelques descriptions de cette nature disponibles sur le site de la *Grammaire actuelle et contextualisée du français*, dans la section *Contenu contextualisé* (Kalmbach & Beacco).

Conclusion : « dégraisser » la grammaire

Le point de vue exprimé ici est que les faits de langue à décrire pour en faire comprendre le fonctionnement, de manière à faciliter l'apprentissage, doivent être sélectionnés, c'est-à-dire, en définitive, être limités. En aucun cas, ceux-ci ne sauraient être constitués par l'ensemble des contenus des grammaires actuelles qui tendent à une exhaustivité indifférenciée ou qui privilégient l'analyse de manière excessive, comme fin en soi. Il est d'ailleurs probable que les enseignants n'utilisent qu'une terminologie

---

[13] Voir en particulier 5.3 *Folk grammaticality*.

réduite pour les fonctions : *sujet* et *complément*, mais ils distinguent encore sans doute les *compléments du nom*, les *compléments d'objet indirect*, etc. Un grammairien éminent, s'il en fut, comme M. Wilmet, dans un de ses derniers textes (2017) plaidait pour une grammaire aussi réduite que possible avec quatre catégories de mots (dites *natures*) : nom, adjectif, verbe et connectifs (conjonctions et prépositions) et quatre fonctions : déterminative (par ex. expression de la quantité), complétive (par ex., complément de l'adjectif, du verbe, circonstanciels), prédicative (attribut) et opérative (conjonctions de coordination, de subordination, prépositions, etc.). Cette proposition mérite une réflexion didactique, car on ne saurait innover en la matière sans tenir compte des représentations métalinguistiques ancrées chez les enseignants. Il n'empêche que c'est bien dans le sens de cet allègement qu'il conviendrait d'aller pour rendre les descriptions proposées aux apprenants plus opérationnelles. Une autre piste à explorer est celle de la confrontation des descriptions du français avec celles d'autres langues, en particulier les langues romanes, de manière à les faire sortir de leur cadre traditionnel, pour inventer une grammaire du français ouverte aux « solutions » adoptées pour décrire d'autres langues. En ces temps de plurilinguisme sociétal accru par les mobilités, ce que font les enseignants en contextualisant empiriquement les descriptions de référence du français pourrait aussi être pris en charge, toutes choses égales par ailleurs, par des linguistes spécialistes, qui trouveraient là une belle occasion de sortir ainsi de leur pré carré théorique.

Bibliographie

Achard-Bayle, Guy & Paveau, Marie-Anne, 2008, « Linguistique populaire ? ». *Pratiques*. 139–140.

Al-khresheh, Mohammad Hamad, 2016, "A review study of contrastive analysis". *Journal of Advances in Humanities and Social Sciences*, 6, 330–338.

Arrivé, Michel, Gadet, Françoise & Galmiche, Michel, 1986, *La grammaire d'aujourd' hui – Guide alphabétique de linguistique française*. Paris : Flammarion.

Beacco, Jean-Claude, 1986, « Méthode et méthodologie : pour faire le point » (Method and Methodology: Recognizing the Current Situation). *Français dans le Monde*, no 205, p. 45–50.

Beacco, Jean-Claude, 1989, « Un rendez-vous manqué : théories du discours et grammaire en didactique du français langue étrangère », in : Sophie Moirand, Rémy Porquier & Romain Vivès (eds), *Et la grammaire...*, Recherches et applications, *Le français dans le monde*, 138–146.

Beacco, Jean-Claude *et al.* (à compter de 2004). *Niveaux pour le français A1.1, A1, A2, B1, B2.* Paris : Didier.

Beacco, Jean-Claude, 2010, *La didactique de la grammaire dans l'enseignement du français et des langues.* Paris : Didier.

Beacco, Jean-Claude, Kalmbach, Jean-Michel & Suso Lopez, Javier, 2014, « Les contextualisations de la description du français dans les grammaires étrangères », *Langue française, 181.*

Beacco, Jean-Claude, Byram, Mike, Cavalli, Marisa, Coste, Daniel, Egli Cuenat, Mirjam & Goullier, Francis, 2015, *Guide pour le développement et la mise en œuvre de curriculums pour une éducation plurilingue et interculturelle.* Strasbourg : Conseil de l'Europe.

Besse, Henri, 2005, « De la nécessité présente d'une métalinguistique contrastive », in : Marie-Anne, Mochet et al. (eds), *Plurilinguisme et apprentissages.* Mélanges Daniel Coste. Lyon : École normale supérieure, Lettres et sciences humaines, 71–87.

Besse, Henri & Porquier Rémy, 1984, *Grammaires et didactique des langues.* Paris : Hatier.

Charaudeau, Patrick, 1992, « Sciences humaines, enseignement et culture » (Human Sciences, Teaching and Culture). *Français dans le Monde* 253, 46–52.

Charaudeau, Patrick, 1993, *Grammaire du sens et de l'expression.* Paris : Hachette.

Coste, Daniel, Courtillon, Janine, Ferenczi, Victor, Martins-Baltar, Michel & Papo, Eliane, 1976, *Un Niveau-seuil.* Paris : Hatier-Didier.

Courtillon, Janine & Raillard, Sabine, 1983, *Archipel.* Paris : Didier.

Dabène, Louise, 1975, « L'enseignement de l'espagnol aux francophones. Pour une didactique des langues « voisines ». *Langages, 39,* 51–64.

Dahlet, Véronique, 2003, *Ponctuation et énonciation.* Guyane : Ibis rouge, Presses universitaires créoles.

Debyser, Francis, 1970, « La linguistique contrastive et les interférences ». *Langue française, 8,* 31–61.

Dubois, Jean, 1965, *Grammaire structurale du français.* Paris : Larousse.

Dubois, Jean, 1968, *Grammaire du français. Nom et pronom*. Paris : Larousse.

Fléchon, Geneviève, Frassi, Paolo & Polguère, Alain, 2012, « Les pragmatèmes ont-ils un charme indéfinissable ? », in : Pierluigi Ligas & Paolo Frassi (eds), *Lexiques. Identités. Cultures*, QuiEdit, 81–104.

Forlot, Gilles & Beauchamp, Jacques, 2008, « Heurs et malheurs de la proximité linguistique dans l'enseignement de l'anglais au primaire ». *Études de linguistique appliquée*, 149, 77–92.

Fouillet, Raphaele, 2013, « Les formes de contextualisation de la description du français dans les grammaires pédagogiques pour italophones (1970–2011). Cultures métalinguistiques et expertise professorale ». *Thèse de doctorat*, Université Paris 3.

Franckel, Jean-Jacques, & Paillard, Denis, 2007. *Grammaire des prépositions, 1*. Paris : Ophrys.

González Rey, Isabel, 2002, *La phraséologie du français*. Toulouse : Presses Universitaires du Mirail.

Gross, Gaston, 1996, *Les expressions figées en français*. Paris : Ophrys.

James, Carl, 2005, "Contrastive analysis and the language learner", in: D. J. Allerton, C. Tschichold & J. Wieser (eds), *Linguistics, Language Teaching and Language learning*, 1–20.

Kalmbach, Jean-Michel & Beacco, Jean-Claude, 2016, *Grammaire actuelle et contextualisée du français. Contenu contextualisé*. http://www.francparler-oif.org/grac-a1a2/contenu-contextualise/

Kartal, Erdogan, 2014, « L'enseignement/apprentissage de la grammaire dans les manuels de FLE en Turquie (1931–1949) ». *SIHFLES*, 52, 89–108.

Lejeune, M. 1974. *Manuel de la langue vénète*, in : Heidelberg : C. Winter.

Niedzielski, N. A. & Preston, D. R. (eds). *Folk linguistics*. Berlin : DeGruyter.

Mair, Christian, 2005, *Recent advances in contrastive linguistics and language typology: the spin-off for language teachers*, in: D. J. Allerton, Cornilia Tschichold & Judith Wieser (eds). Linguistics, Language Teaching and Language learning, 21–39.

Meissner, Franz-Joseph, Meissner, Claude, Klein Horst G. & Stegmann, T. D., 2004, *EuroComRom-Les sept tamis : lire les langues romanes dès le départ*. Aachen : Shaker Verlag.

Mel'čuk, Igor & Arbatchewsky-Jumarie, Nadia, 1999, *Dictionnaire explicatif et combinatoire du français contemporain : recherches lexico-sémantiques.* Montréal : Presses Universitaires de Montréal.

Melis, Ludo, 2003, La préposition en français. Paris : Ophrys.

Riegel, Martin, Pellat, Jean-Christophe, & Rioul, René, 2014, *Grammaire méthodique du français.* Paris : Presses universitaires de France.

Wilmet, Marc, 2017, « Vers la troisième grammaire scolaire ». *Dialogue et cultures, 63,* 161–173.

Chapitre 4.

La *Modern French Grammar*

Leyre Ruiz de Zarobe

Introduction

Les grammaires du français langue étrangère, lorsqu'elles sont conçues par des enseignants parlant la langue première des apprenants, sont difficilement séparables de leur contexte d'énonciation. On y constate généralement des adaptations du discours grammatical ou des reformulations facilitantes en lien avec les difficultés particulières rencontrées et partagées par les apprenants, difficultés liées à un contexte linguistique et éducatif spécifique (Beacco *et al.*, 2014). Les concepteurs de ces grammaires, conscients des difficultés d'apprentissage du français, orientent le discours grammatical de façon à éviter aux apprenants de produire les erreurs récurrentes dont ils pensent qu'elles sont liées à la langue première. Mais la description grammaticale est également conditionnée à la conception de la langue des auteurs (Ruiz de Zarobe, 2016).

Cela nous semble être le cas de l'objet de notre étude, la *Modern French Grammar* (dorénavant, MFG), rédigée par M. Lang et I. Pérez. Ce manuel de grammaire du français a été publié pour la première fois au Royaume-Uni, en 1996, par les éditions Routledge. Sachant que le français est la langue étrangère la plus étudiée dans le système scolaire britannique, la *Modern French Grammar* se présente comme une grammaire de référence du français qui combine la grammaire traditionnelle et la grammaire fonctionnelle.

Notre étude se concentrera sur l'aspect fonctionnel de cette grammaire, aspect que nous examinerons au travers de la fonction *request*. Ainsi, nous tenterons de montrer que la description des fonctions est contextualisée et nous en proposerons une caractérisation.

2.1. À propos de la *Modern French Grammar*

La MFG a connu une deuxième édition en 2004 sur laquelle nous basons notre étude. La MFG y développe de manière plus claire certaines explications grammaticales présentes dans la première édition, et plus particulièrement celles concernant les faits de langue posant des difficultés importantes aux apprenants de français anglophones. Ses auteures emploient une terminologie grammaticale traditionnelle et proposent un glossaire de termes grammaticaux à la fin du volume.

Quant au public visé, les auteures avancent que leur ouvrage est conçu « pour les élèves de la dernière année de l'enseignement secondaire et de la première et de la dernière année de l'enseignement supérieur [qui pourront l'utiliser] pour approfondir leur connaissance du français et pour réviser[14] » (2004). Nous considérons qu'elle peut être utilisée par un public plus large, du niveau débutant au niveau avancé, notamment parce qu'elle est rédigée en anglais.

La MFG est divisée en deux sections :

– la section A, intitulée *Structures*, correspond à la partie de la grammaire traditionnelle et se subdivise elle-même en deux parties (*the noun group ; the verb group*) ;
– la section B, intitulée *Functions*, correspond à la grammaire fonctionnelle.

Dans la section A, les divers éléments grammaticaux y sont décrits autour du syntagme nominal et du syntagme verbal. Ainsi, on trouvera le déterminant, le nom, le pronom, l'adjectif pour ce qui est du syntagme nominal et les temps et les modes pour ce qui est du syntagme verbal. Du point de vue des auteures, cette partie traite les divers points grammaticaux qui doivent être maîtrisés pour que les apprenants « agissent correctement » (2004).

La section B comprend elle-même trois parties, « chacune démontrant comment agir avec la langue afin de communiquer. Les trois fonctions

---

[14] Toutes les traductions de l'anglais sont de l'auteure.

La Modern French Grammar 75

principales identifiées sont l'exposition, l'attitude et l'argumentation. Chacune d'entre elles est divisée en domaines fonctionnels plus petits liés à la fonction principale » (2004). Cette série de fonctions comprend les principaux actes de parole que nous réalisons lors de nos interactions en français. Ainsi pouvons-nous lire dans l'introduction de la MFG : « Vous disposez de l'essentiel de la grammaire (section A) et des applications de la grammaire dans un large choix de fonctions (section B) » (2004). En réalité, les références d'une section de la grammaire à l'autre sont constantes.

Les auteurs de la MFG justifient l'aspect fonctionnel de leur ouvrage en avançant qu'il « montre comment utiliser la langue pour communiquer avec succès » (2004). Cependant, les auteures ne font pas allusion aux références théoriques qui constituent le cadre de leur approche fonctionnelle.

Enfin, un volet de l'introduction est consacré à la manière dont l'ouvrage doit être utilisé. Il est ainsi indiqué que si on veut dire bonjour à quelqu'un, on doit chercher dans la section *Functions*. On y trouvera alors un certain nombre de propositions pour saluer en français et des explications sur les différences entre les diverses manières de dire bonjour. Les auteurs suggèrent aussi de prêter attention au contexte fourni pour chaque cas afin d'observer l'emploi concret des formes dans un contexte donné.

2.2. La fonction *request* dans la MFG

Nous nous centrons maintenant sur l'analyse d'une des fonctions présentes dans la MFG, celle de la *request*. Cette fonction apparaît sous le titre « *asking someone for something* », elle-même incluse dans la fonction « *expressing volition* », l'une des trois grandes fonctions décrites dans cette grammaire. Dans la macro-fonction de la volition, le locuteur veut faire quelque chose, affirmer ses intentions ou désirs, ou demander ce que l'interlocuteur désire ou a l'intention de faire. Lorsque le locuteur veut que son interlocuteur réalise quelque chose, l'acte devient alors une *request* qui exige une réponse. Dans cette grammaire, la volition concerne également la nature délibérée ou spontanée d'une action et l'affirmation de ce qu'on ne veut pas.

Le chapitre commence par le traitement des verbes qui expriment la volition pour passer ensuite aux actes de parole « désirer » et « avoir l'intention de » et enfin, à « *asking someone for something* » ou la *request*. On trouvera plus loin, sous le macro-acte « *expressing volition* », d'autres actes tels que « exprimer le non-désir d'agir après une demande », « exprimer des actions délibérées et non délibérées » et « dire ce que l'on ne veut pas ».

Examinons maintenant le discours grammatical développé autour de la *request*. La MFG commence la description de la *request* en présentant l'emploi des verbes et des pronoms appropriés :

> « Lorsque vous demandez quelque chose à quelqu'un d'autre, vous pouvez, bien sûr, utiliser certains des verbes et des phrases verbales identifiés dans la section 69.1, avec le pronom personnel approprié.
>
> Je veux *que vous soyez prêts à partir de 8h00 et* j'aimerais *que vous passiez me prendre tout de suite après.* » (2004 : 272)

Les verbes identifiés en 69.1 sont, entre autres, les verbes *vouloir, désirer, souhaiter, aimer, pouvoir, ennuyer, avoir l'amabilité*. La fonction est donc décrite du point de vue lexical, en d'autres termes du point de vue des verbes et des pronoms permettant de réaliser l'acte de langage. On peut constater que tous les verbes mentionnés ne relèvent pas de l'acte de langage de la *request* même si certains d'entre eux permettent de demander à quelqu'un de faire quelque chose de manière indirecte. En voici deux exemples :

> *Je* souhaite *que vous fassiez l'examen.*
> *Je* désire *qu'on aille à Paris ce week-end.*

Par ailleurs, les modes des verbes utilisés dans les exemples ne sont pas distingués : l'indicatif, le conditionnel, l'impératif sont employés indifféremment par les auteures sans que l'apprenant ait accès aux nuances que leur emploi induit.

Ici, deux remarques s'imposent. La première, c'est que pour réaliser une *request*, ces temps ne sont pas interchangeables dans un énoncé. Par exemple, si l'on dit : *Je* veux *que vous soyez prêts à partir de 8 heures*, cet énoncé peut se formuler au conditionnel, ce qui rend l'énoncé poli en français : *Je* voudrais *que vous soyez prêts à partir de 8 heures.*

On peut également le formuler à l'impératif : Veuillez *être prêts à partir de 8 heures*. Cependant la demande demeure polie uniquement parce qu'il s'agit du verbe *vouloir*. En effet, l'emploi de l'impératif est mal perçu en français, demander à quelqu'un de faire quelque chose à l'aide de ce mode est jugé trop direct, voire impoli. En voici un exemple : *Prends mon porte-monnaie et ramène-moi deux baguettes.*

La deuxième remarque relative à l'indistinction des modes représentés dans les exemples concerne le fait que certains verbes ou expressions verbales qui apparaissent au conditionnel ne peuvent pas s'employer au présent et que, s'ils s'emploient au présent, l'énoncé n'est plus une *request*. Observons la différence :

> J'aimerais *que vous passiez me prendre tout de suite après.*
> ou
> Auriez-vous *l'amabilité de me faire savoir quels sont vos tarifs et conditions pour cet article ?*

Au présent de l'indicatif :

> *J'aime *que vous passiez me prendre tout de suite après.*
> ou
> *Avez-vous *l'amabilité de me faire savoir quels sont vos tarifs et conditions pour cet article ?*

On peut formuler les mêmes remarques s'agissant des pronoms. Ainsi, l'énoncé est parfois construit :

- avec le pronom *je* : *J'aimerais que vous passiez me prendre tout de suite après.*
- avec *tu/vous* : *Est-ce que tu pourrais me rejoindre au Bar de la Place après la séance ?*
- avec *ça* : *Ça m'arrangerait beaucoup si vous me prêtiez votre voiture demain matin.*

Or, tous les pronoms ne sont pas valables pour tous les énoncés.

Revenons sur l'emploi du conditionnel au sujet duquel les auteures expliquent la valeur de politesse :

> « Dans l'exemple précédent, notez comment l'utilisation du conditionnel "adoucit" la demande. Ce temps est souvent utilisé pour demander à quelqu'un (poliment) de faire quelque chose – parfois dans des formes interrogatives pour des demandes encore plus indirectes [...] : *Est-ce que tu pourrais me rejoindre au Bar de la Place après la séance ?* » (2004)

Cette observation s'inscrit dans une perspective pragmatique où le conditionnel est considéré comme un procédé linguistique d'atténuation d'une fonction qui peut être perçue négativement par l'interlocuteur (Brown & Levinson, 1987). Ce procédé permet d'adoucir la *request* grâce à l'effet positif de l'usage d'une forme relevant de la politesse.

Le conditionnel est par ailleurs mentionné dans le cas suivant : « Le conditionnel est utilisé pour une demande plus formelle – dans la correspondance commerciale – dans l'exemple suivant : *Auriez-vous l'amabilité de me faire savoir quels sont vos tarifs et conditions pour cet article ?* » (2004).

Ici, on fait à nouveau allusion au conditionnel pour une *request* « plus formelle ». Mais on ne sait pas s'il s'agit du même emploi du conditionnel ou s'il existe des différences communicatives avec l'emploi du conditionnel dans l'exemple précédent, ou si les deux énoncés au conditionnel entrent dans la même catégorie. Comme nous l'avons mentionné plus haut, il faut en plus considérer que l'énoncé : *Auriez-vous l'amabilité de me faire savoir quels sont vos tarifs et conditions pour cet article ?* ne réalise plus une *request* quand il est formulé au présent. Cela donnerait en effet : **Avez-vous l'amabilité de me faire savoir quels sont vos tarifs et conditions pour cet article ?*

Tandis que le verbe *pouvoir* peut être utilisé au conditionnel présent ou au présent de l'indicatif pour formuler une *request* : *Est-ce que tu pourrais me rejoindre au Bar de la Place après la séance /Est-ce que tu peux me rejoindre au Bar de la Place après la séance ?*

L'acte de langage de la *request*, demander à quelqu'un de faire quelque chose, est en réalité l'acte de langage associé au type de phrase injonctif dont le mode par excellence est justement l'impératif. Le type de phrase injonctif permet de demander à quelqu'un de faire quelque chose au sens large : ordonner mais aussi conseiller.

Or, les deux critères, grammatical et communicatif, sont à considérer ici. En effet, l'impératif est la forme morphosyntaxique type de la *request*, mais, du point de vue communicatif, ce n'est pas le mode à employer pour les *requests* dans la plupart des situations de communication. L'utilisation de l'impératif peut être perçue comme une forme d'infériorisation ou un manque de politesse envers l'interlocuteur (Kerbrat-Orecchioni, 2016). À notre avis, la description en termes de « demande plus catégorique » n'indique pas suffisamment clairement que l'emploi de ce mode doit être plutôt cantonné à des relations entre proches ou dans les situations où un « supérieur » s'adresse à un subalterne. Une interprétation possible du choix d'une telle formulation par les auteures est qu'en anglais, on ne formule pas facilement des *requests* à l'impératif. En quelque sorte, l'impératif ne serait pas naturellement employé par les locuteurs anglophones (Tatsuki & Houck, 2010), ce qui aurait pour conséquence qu'ils ne l'emploient pas en français.

Un peu plus loin, le manuel présente l'usage de l'impératif avec le verbe *vouloir* pour introduire les *requests* dans la correspondance commerciale : « L'impératif *veuillez* + infinitif ou l'expression *je vous prie de* + infinitif peuvent être utilisés pour introduire des demandes [...] dans la correspondance commerciale : *Veuillez m'envoyer les deux derniers numéros de votre publication* » (2004).

On remarque qu'il n'est pas fait mention de l'effet communicatif de l'impératif avec le verbe *vouloir*, qui est un emploi contraire à l'emploi de l'impératif en général dans les *requests*. En effet, avec le verbe *vouloir*, l'impératif est employé dans une expression conventionnelle, formelle et donc polie. La mention de son emploi dans la correspondance commerciale est-elle suffisante pour déduire un emploi poli de l'impératif dans cette *request* concrète et non poli dans le reste des *requests* ?

Sont ensuite mentionnées les manières d'employer certaines expressions :

« Comme le montre l'exemple précédent, les expressions figées utilisées dans la correspondance sont souvent suivies d'un ou de plusieurs verbes à l'infinitif, et une attention particulière doit être accordée aux pronoms et à leur place dans la clause [...] :

Nous vous serions reconnaissants de bien vouloir nous confirmer l'heure d'arrivée de votre délégation à l'aéroport.

Je vous serais obligée de me répondre par retour du courrier.

D'autres expressions similaires comprennent : *je vous saurais gré, veuillez avoir l'obligeance*, toutes deux suivies de : *de (bien vouloir) faire.* » (2004)

Cette remarque renvoie à la construction grammaticale de certaines expressions qui s'emploient dans la correspondance et qui demandent un verbe à l'infinitif. En réalité, il s'agit d'expressions très formelles qui s'emploient surtout à l'écrit. On prévient les apprenants au sujet de l'emploi correct du pronom, probablement à cause des erreurs que commettent les anglophones sur les pronoms dans ce type de construction.

La partie réservée à la *request* se termine par des considérations sur l'emploi correct de quelques temps verbaux et de certains adverbes qui servent à formuler des *requests* plus insistantes :

« Pour les demandes plus pressantes ou insistantes, on peut utiliser les verbes appropriés (+infinitif ou subjonctif) et (parfois) des adverbes :
Je compte sur vous pour venir dimanche.
Tu dois insister auprès de la gendarmerie *pour que tes papiers te soient rendus immédiatement.* [...]
Vos professeurs souhaitent instamment *que vous vous présentiez* à cet examen. [...] » (2004)

Les exemples ci-dessus montrent l'infinitif dans des positions différentes et un verbe conjugué au subjonctif. De notre point de vue, il s'agit d'exemples choisis sciemment par les auteurs pour exposer les apprenants à des constructions qui posent problème aux anglophones. Mais surtout, les trois exemples proposés réalisent la fonction de *request* très indirectement et ne représentent pas des réalisations conventionnelles de ladite fonction.

2.3. La grammaire fonctionnelle dans l'enseignement-apprentissage du français langue étrangère

L'approche grammaticale adoptée par les auteures nous semble s'inscrire en droite ligne de *Un Niveau-seuil* (1976), ouvrage fondateur de l'approche communicative en France, largement inspiré de *Threshold Level*, publié en 1975. Ce sont en effet les promoteurs de l'approche communicative qui s'emparent de la théorie des actes de langage de J. Austin (1962) et, à sa suite, de J. Searle (1969) pour les adapter à l'enseignement-apprentissage des langues étrangères. Dans cette perspective complètement nouvelle pour l'époque, on parle d'énoncés et non de phrases, ce qui induit la prise en compte du cadre énonciatif et, par conséquent, des fonctions réalisées par l'usage de la langue en communication. Les structures grammaticales et le lexique sont alors au service des actes de langage. C'est ainsi qu'on est amené à distinguer les actes de langage directs et indirects. Les actes de langage directs sont ceux où le type de phrase correspond à la fonction communicative qui lui est propre, comme par exemple le mode impératif est une des formes morphosyntaxiques caractéristique de la phrase de type injonctif qui réalise l'acte de parole de demander à quelqu'un de faire quelque chose au sens large. Les actes de parole indirects sont ceux qui sont réalisés au moyen d'un type de phrase auquel est associé un autre acte de parole, comme par exemple le type interrogatif à l'aide duquel on formule une *request*.

Énoncé où l'acte de langage de la *request* est direct :

Ferme la fenêtre.

Énoncés où l'acte de langage de la *request* est indirect :

Vous pouvez/pourriez fermer la fenêtre ?
Vous voulez/voudriez fermer la fenêtre ?
Ça ne vous ferait rien de fermer la fenêtre ?
Auriez-vous l'amabilité/la gentillesse de fermer la fenêtre ?
Je voudrais/J'aimerais bien que vous fermiez la fenêtre.
Est-ce que je peux vous demander de fermer la fenêtre ?
Et si vous fermiez la fenêtre ?

En général, et d'après l'étude fondamentale de Blum-Kulka *et al.* (1989) sur les *requests*, les énoncés les plus habituels et les plus fréquents pour réaliser cet acte de parole sont les énoncés où l'acte de langage de la *request* est indirect. Or, certains de ces énoncés ne figurent pas dans la MFG, comme par exemple, la formulation la plus courante en français : *Vous pouvez ouvrir la fenêtre ?*. De même, une forme commune telle que *Ça vous dérangerait de...?* n'y figure pas. Et d'un autre côté, nous y trouvons un certain nombre de formules qui ne sont pas les plus communes, comme nous allons le voir. Et, ainsi que nous l'avons dit plus haut, certains des énoncés présentés comme des *requests* ne le sont pas vraiment, comme par exemple : *Tu dois insister auprès de la gendarmerie pour que tes papiers te soient rendus immédiatement.*

Toutefois, les auteures réalisent des incursions ponctuelles relatives à la communication lorsqu'elles parlent de l'usage de l'impératif, comme dans le cas de la « demande catégorique », lorsqu'elles mentionnent le conditionnel comme temps qui sert « à demander poliment » ou lorsqu'elles réfèrent à la notion de « demande indirecte » à propos du conditionnel : « Ce mode est souvent utilisé pour demander (poliment) à quelqu'un de faire quelque chose – parfois sous forme interrogative pour des demandes encore plus indirectes. » (2004)

La plupart des structures proposées dans la MFG sont intéressantes à apprendre, mais elles correspondent à un registre de langue soutenu et, somme toute, elles sont peu courantes :

Ça vous ennuierait...?
Ça m'arrangerait beaucoup si...
Auriez-vous l'amabilité de...
Veuillez m'envoyer...
Je vous prie de me faire parvenir...
Nous vous serions reconnaissants de...
Je vous serais obligée de...
Je vous saurais gré...
Veuillez avoir l'obligeance de...

Comme nous l'avons vu plus haut, les auteures de la MFG affirment que certaines de ces formes sont valables dans la correspondance commerciale. Et pour les autres types de discours ? Et le reste des formes proposées est-il adapté aux interactions de la vie quotidienne ?

Conclusion

Le traitement des fonctions, et plus particulièrement celle de la *request* dans la grammaire fonctionnelle MFG, à notre avis, relève davantage du grammatico-normatif que du pragmatique. En effet, même si les auteurs mettent en avant l'aspect fonctionnel de leur ouvrage, on constate que la MFG propose des formules plutôt formelles qui ne sont généralement pas utilisées dans la langue quotidienne, langue dans laquelle on préfère (et on a besoin de) communiquer et qu'on enseigne pour communiquer, surtout depuis l'approche communicative. Offre-t-elle un éventail de formes représentatives du français effectivement parlé ? Les auteures de la MFG affirment présenter des exemples réels et tirés de leur propre expérience, et représenter le français contemporain, oral et écrit : « Dans la section fonctionnelle, les exemples sont choisis dans le français contemporain parlé et écrit pour démontrer la fonction en question. Il s'agit d'exemples réels qui ont été utilisés dans notre propre expérience » (2004). Mais peut-être ont-elles fait le choix de mettre l'accent sur le niveau formel de la langue, correspondant ainsi aux représentations que les Britanniques se font du français. Dans ce sens, on peut dire que le discours grammatical est contextualisé, tout comme lorsque les auteures veillent à utiliser des structures qui posent généralement problème aux apprenants anglophones. Il n'en demeure pas moins que cette grammaire fonctionnelle en apparence contextualisée choisit de privilégier la correction linguistique et le registre formel de la langue au détriment de l'adéquation communicative des réalisations linguistiques proposées pour réaliser les fonctions de la langue.

Bibliographie

Austin, John, 1962, *How to do things with words*. Oxford : Clarendon Press.

Beacco, Jean-Claude, Kalmbach, Jean-Michel & Suso López, Javier, 2014, « Les contextualisations de la description du français dans les grammaires étrangères ». *Langue Française*, 181.

Blum-Kulka, Shoshana, House, Juliane & Kasper, Gabriele, 1989, *Cross-Cultural Pragmatics: Requests and Apologies*. Norwood, NJ : Ablex.

Brown, Penelope & Levinson, Stephen, 1987, *Politeness. Some Universals in Language. Use*. Cambridge : Cambrige University Press.

Coste, Daniel, Courtillon, Janine, Ferenczi, Victor, Martins-Baltar, Michel, Papo, Eliane & Roulet, Eddy, 1976, *Un Niveau-seuil*. Strasbourg : Conseil de l'Europe.

Kerbrat-Orecchioni, Catherine, 2016, *Les actes de langage dans le discours. Théorie et fonctionnement*. Paris : Armand Colin.

Lang, Margaret & Pérez, Isabelle, 2004, *Modern French Grammar. A Practical Guide*. London, New York : Routledge.

Ruiz de Zarobe, Leyre, 2016, « La grammaire française dans quelques manuels de Français Langue Étrangère : quelle approche du discours rapporté ? ». *Synergies Espagne, 9*, 143–160.

Searle, John, 1969, *Speech Acts: An Essay in the Philosophy of Language*. Cambridge : Cambridge University Press.

Tatsuki, Donna H. & Houck, Noel R., 2010, *Pragmatics: Teaching Speech Acts*. Alexandria, Virginia : Tesol Press.

PARTIE 3.

ADAPTATION DU DISCOURS SUR LE VIF SELON LA LANGUE ET LES DIFFICULTÉS DES APPRENANTS

Chapitre 5.
Enseigner autrement l'accord des verbes pronominaux

Karima Gaci

Introduction

Le participe passé, « célébrité grammaticale à nulle autre pareille » (Wilmet, 1999), est une source constante de défis pédagogiques dans l'enseignement et apprentissage de la grammaire française, aussi bien en français langue maternelle qu'en français langue étrangère. En effet, « l'accord du participe passé [...] dans les verbes pronominaux, déjà délicat aux XVIIIe siècle, va atteindre au XIXe siècle un niveau de complexité qui en fera incontestablement le problème de la grammaire française » (Chervel, 1977).

Cette difficulté, nous la rencontrons dans les cours de grammaire que nous donnons à l'Université de Leeds (Angleterre) auprès d'étudiants en première année de licence de français. D'après nos observations, nous estimons que celle-ci est due à deux facteurs principaux. Il s'agit d'abord des connaissances avec lesquelles nos apprenants arrivent en cours et, surtout, la manière dont celles-ci ont été construites. Il conviendrait donc de déconstruire leur perception de l'accord du participe passé des verbes pronominaux pour en faciliter la compréhension. Mais ce point d'achoppement que constitue l'accord du participe passé des verbes pronominaux est aussi dû, selon nous, à leur L1, à savoir l'anglais.

À partir de ce double constat et dans la perspective de proposer une démarche pédagogique visant à faciliter l'apprentissage de ce point de grammaire, nous nous demanderons comment amener les apprenants à distinguer les différentes formes pronominales afin de comprendre l'accord des participes passés.

Pour y répondre, nous évoquerons quelques éléments d'ordre contextuel et linguistique, pour ensuite recentrer notre discussion autour de la forme pronominale dans les grammaires du français et dans deux grammaires pour anglophones. Nous examinerons enfin une technique pédagogique consistant à utiliser des dessins facilitateurs qui complètent et illustrent les explications grammaticales.

1.1. Identifier les causes de la difficulté rencontrée

Partant du principe que l'identification des causes à l'origine des difficultés rencontrées par les apprenants anglophones dans l'accord du participe passé des verbes pronominaux permettrait de proposer des solutions pédagogiques adaptées, nous présenterons dans cette première partie notre contexte d'enseignement-apprentissage et les particularités de l'anglais au regard du français.

1.1.1. Le contexte d'enseignement-apprentissage

Nous enseignons le français langue étrangère en contexte universitaire britannique. À l'université, les étudiants de langue étrangère sont exposés à un apprentissage de la grammaire de la langue cible, ce qui constitue en général une nouveauté pour eux. En effet, la plupart d'entre eux, selon leur parcours d'apprentissage, ont suivi des cours de français au collège et au lycée, où se mêlent communication et grammaire. En arrivant à l'université, une distinction est faite entre les cours de conversation et ceux de grammaire.

Notre public est par ailleurs constitué d'étudiants en première année de licence de français qui arrivent en cours de grammaire avec des expériences d'apprentissage et des connaissances grammaticales très hétérogènes. C'est à partir de la prise en compte de cette hétérogénéité et, par conséquent, de la pluralité des discours grammaticaux auxquels ils ont été exposés, que s'est imposée l'idée de corriger leur perception erronée de l'accord des verbes pronominaux. Nous avons en effet constaté que nos étudiants regroupent systématiquement l'ensemble des verbes pronominaux sous l'étiquette des « verbes réfléchis » aussitôt qu'ils repèrent l'accord du participe passé. La correction de leur perception s'avère d'autant plus nécessaire lorsque le participe passé de certains verbes pronominaux ne s'accorde pas.

C'est lors de la correction des exercices – principalement des exercices lacunaires dans lesquels il leur est demandé d'accorder le participe passé si cela est nécessaire et de justifier leur réponse – que leurs difficultés apparaissent. Ils ont soit du mal à accorder soit du mal à justifier correctement l'accord. Quand l'accord est correctement effectué, la justification qui revient souvent est la suivante : « il y a accord du participe passé, car c'est un verbe réfléchi ». Nous estimons donc qu'ils ne se posent pas les bonnes questions au sujet du pronom et nous supposons également que la notion de complément d'objet n'est pas acquise chez certains. Or, « l'accord du participe passé d'un verbe pronominal passe par l'identification correcte de la fonction du pronom réfléchi » (Fairon & Simon, 2018).

1.1.2. Une L1 peu propice

Que se passe-t-il dans la L1 de nos apprenants ? Les pronoms réfléchis (*myself, yourself, herself,* etc.) et réciproques (*each other* et *one another*) existent en anglais, mais, à la différence du français, ils se placent après le verbe. Ainsi, « l'identité de l'agent et du patient est considérée comme évidente, et n'est pas manifestée par l'emploi d'un réfléchi [...] [tout comme] certains cas de réciprocité » (Larreya & Rivière, 2005). En anglais, la notion de réciprocité et l'aspect réfléchi d'un verbe semblent davantage d'ordre lexical, ce qui fait qu'une grande partie des verbes qu'on traduit par des verbes pronominaux en français ne nécessite pas l'emploi d'un pronom. Seuls quelques verbes en anglais requièrent l'emploi d'un pronom réfléchi (Chalker & Weiner, 2014)[15]. Sur le plan grammatical, ils s'apparentent davantage à la catégorie des verbes essentiellement pronominaux français. On peut prendre comme exemple le verbe *to absent oneself from something* qui signifie « quitter qqch » et, dans certains cas, « s'absenter », ou encore celui de *to pride oneself on something* qu'on traduit par « s'enorgueillir de qqch ».

Le caractère optionnel du pronom objet réfléchi en anglais facilite les explications. En « sur-pronominalisant » les verbes dans la L1 des apprenants, on aide ces derniers à être plus attentifs à l'aspect réfléchi du verbe. Prenons l'exemple du verbe *to wash* (se laver). *He washed →* il s'est lavé. Rien ne permet en anglais d'identifier ce qui constitue le

---

[15] Toutes les traductions de l'anglais sont de l'auteure.

côté réflexif de ce verbe. Chalker & Weiner (2014) stipulent que le pronom (complément d'objet direct) réfléchi est optionnel. C'est ainsi qu'il nous arrive fréquemment d'avoir recours à une paraphrase telle que : « *He washed himself* ». Ce genre de paraphrases permet de proposer une première explication de l'accord.

Placer cette forme verbale sous l'étiquette des « verbes réfléchis » est une simplification qui induit en erreur les apprenants et leur L1 ne les aide pas à rectifier cette erreur d'interprétation. Simplifier est une démarche pédagogique qui peut s'avérer utile à un certain moment de l'apprentissage, mais, dans ce cas précis, il semblerait qu'elle soit réductrice, car les apprenants ne sont pas toujours en mesure d'expliquer pourquoi il y a accord. L'autre aspect du français qui n'existe pas dans la L1 des apprenants est l'accord du participe passé. Toutefois, cette absence ne cause pas trop de problèmes, car ils connaissent les principales règles d'accord avec *avoir* ou *être* en français. C'est lorsqu'il faut accorder le participe passé des verbes pronominaux qu'ils rencontrent des difficultés.

1.2. L'accord du participe passé des verbes pronominaux dans les grammaires

Les descriptions grammaticales relatives aux règles d'accord du participe passé des verbes pronominaux jouent un rôle essentiel dans l'apprentissage et l'enseignement du français. C'est pourquoi nous allons d'abord relever dans cette partie les éventuels écarts entre les descriptions grammaticales des grammaires de référence du français et celles des grammaires de français pour anglophones pour ensuite préciser nos choix métalinguistiques.

1.2.1. Des écarts minimes entre les étiquettes grammaticales françaises et anglaises

Dans les grammaires de référence du français que nous avons consultées, les diverses formes pronominales sont étiquetées de la manière suivante : « verbes pronominaux et constructions pronominales » (Riegel *et al.*, 2014), « verbes pronominaux réfléchis, réciproques, subjectifs et passifs » (Grevisse & Goosse, 2008). Dans la grammaire *Larousse*, Chevalier *et al.* (2002, p. 324) soulignent plutôt les différents emplois du pronom réfléchi : « se - autonomes et non-autonomes ». Chez Wilmet

(2010), on retrouve même une terminologie empruntée au grec ancien puisqu'il y est question de voix moyenne.

En classe, nous utilisons l'ouvrage *French Grammar in Context* (Jubb & Rouxeville, 2014). Nous y trouvons quelques écarts avec les grammaires de référence du français, mais ils ne se situent pas au niveau de l'étiquetage terminologique. Les autrices parlent en effet de « verbe pronominal ». La terminologie semble plutôt faire l'objet de quelques modifications seulement lorsque le verbe pronominal est conjugué au passé composé (ou à un autre temps composé). En revanche, à côté de la définition qu'elles proposent - « les verbes pronominaux sont utilisés pour indiquer une action où le sujet et l'objet sont les mêmes » - elles précisent que « [les verbes pronominaux] sont souvent dénommés 'verbes réfléchis' » (Jubb & Rouxeville, 2014). On constate bien le maintien d'une certaine simplification.

L'autre ouvrage dont nous recommandons la consultation, la *French Grammar and Usage* (Hawkins & Towell, 2015), et que les étudiants utilisent en dehors du cours pour compléter leur travail, se présente davantage comme une grammaire de référence dans la L1 de nos apprenants. Une fois de plus, la terminologie ne fait pas l'objet de modification particulière. Il y est en effet question de *pronominal verbs* et les auteurs catégorisent les principales formes pronominales de la façon suivante : « verbes pronominaux réfléchis [...] verbes pronominaux sans interprétation réfléchie [...] verbes pronominaux réciproques [...] verbes pronominaux à sens passif ». Nous constatons que la terminologie est identique à celle que l'on trouve dans les grammaires de référence du français, à l'exception de la dénomination « verbes pronominaux sans interprétation réfléchie » qui révèle une certaine démarche contrastive des auteurs.

1.2.2. Les règles d'accord dans les grammaires pour anglophones

Dans la *French Grammar in Context* dont nous nous servons exclusivement en classe, voici comment est expliqué l'accord du participe passé :

> « Il y a trois catégories de verbes pronominaux/réfléchis pour lesquelles il est nécessaire d'établir une distinction lorsqu'il faut aborder la façon dont leur participe passé s'accorde :

i. Les vrais verbes réfléchis, là où l'action du sujet se reflète sur le sujet-même, c'est-à-dire celui qui fait l'action, est à la fois le sujet et le complément d'objet du verbe, exemple : *elle se lave* (*elle lave elle-même*). Dans ce cas, le participe passé s'accorde avec « se » qui est le complément d'objet direct antéposé. Dans certains cas, le pronom réfléchi n'est pas le complément d'objet direct du verbe mais le complément d'objet indirect, par exemple : *elle s'est lavé les mains* (l'objet, ce qu'elle a lavé, est *les mains*, le « se » est seulement impliqué directement). Dans ce cas, le participe passé ne s'accorde jamais.

ii. Les verbes réciproques qui expriment l'idée de deux ou plusieurs personnes faisant quelque chose l'une à l'autre. Dans ce cas, le participe passé s'accorde avec « se » s'il est complément d'objet direct. Il n'y a pas d'accord s'il est complément d'objet indirect.

iii. Par exemple : *ils se sont vus* ('ils ont vu l'un l'autre', complément d'objet direct), mais : *ils se sont écrit* ('ils ont écrit l'un à l'autre', complément d'objet indirect). Les verbes pronominaux qui ressemblent à des verbes réfléchis, mais où le pronom réfléchi n'a rien à voir avec l'idée de 'soi-même', par exemple *se repentir* (to repent), *se souvenir* (to remember). Ici le participe passé s'accorde avec le sujet, par exemple : *elles se sont souvenues de l'histoire*. » (Jubb & Rouxeville, 2014 : 9)

Le verbe « se laver », cité dans la description grammaticale ci-dessus, a soulevé des interrogations lorsque nous l'avons nous-même utilisé en classe. Ainsi pour la phrase « elles se sont lavé les mains », où nous avions volontairement choisi deux pluriels - le sujet/pronom réfléchi et le complément d'objet direct (COD) – on nous a posé la question suivante : « Pourquoi est-ce qu'on n'accorde pas le participe passé puisque le sujet se lave les mains et que c'est 'elle' qui fait l'action ? ». Cette interrogation est révélatrice du problème de la maîtrise des notions de COD et de complément d'objet indirect (COI) chez les apprenants. Dans cet exemple, c'est en effet surtout la fonction COI du pronom réfléchi qui crée une certaine confusion.

Cette difficulté à distinguer les fonctions directes et indirectes du complément d'objet d'un verbe pourrait s'expliquer en partie par la L1 des apprenants, où les verbes qui acceptent deux compléments ne se construisent pas comme en français. Dans la phrase suivante : « *John gave his brother a present* », nous constatons clairement que le COI n'est pas précédé d'une préposition, ce qui donne l'impression qu'il « se fond » dans le verbe, impression renforcée par le fait qu'il se retrouve même avant le COD. En français, le COI se place toujours après le COD et est systématiquement introduit par une préposition (exception faite des pronoms COI).

1.3. Des choix didactiques pour expliquer l'accord du participe passé des verbes pronominaux

Le rôle de l'enseignant consistant à lever les difficultés des apprenants, il s'est agi de faire des choix didactiques pour y parvenir dans le cas de l'accord du participe passé des verbes pronominaux. Le premier choix que nous avons fait est d'ordre terminologique et grammatical, le second est d'ordre pédagogique. Ce sont ces choix que nous allons exposer dans cette troisième partie.

1.3.1. Des choix terminologiques et descriptifs : une première étape pour le praticien

Le choix du discours grammatical de référence est essentiel puisqu'il va nous permettre de réorganiser les connaissances de nos apprenants et de modifier leur perception grammaticale relative à l'accord du participe passé des verbes pronominaux. Dans cette optique, nous avons privilégié l'étiquetage et les règles d'accord proposés dans la *Grammaire méthodique du français* (Riegel, M., Pellat, J-C, & Rioul, R., 2014) dans les « tableaux 1 et 2. ».

Résumé des différentes formes pronominales :

Tableau 1 – D'après Riegel, Pellat & Rioul (2014).

Verbes pronominaux	Constructions pronominales
– Verbes essentiellement pronominaux – Verbes pronominaux autonomes	– Réfléchies (interprétation réflexive et réciproque) – À sens passif

Règles d'accord du participe passé :

Tableau 2 - D'après Riegel, Pellat & Rioul (2014).

Accord du participe passé	Absence d'accord du participe passé
– Avec le sujet (verbes essentiellement pronominaux, verbes à sens passif) – Pronom réfléchi est objet direct	– Pronom réfléchi est objet indirect

1.3.2. Un point grammatical contextualisé

La contextualisation a « pour origine l'expérience d'enseignement/apprentissage des auteurs des grammaires du français publiées à l'étranger, qui sont des enseignants ayant eux-mêmes acquis le français comme langue étrangère. Elles peuvent prendre des formes diverses qu'il revient à l'analyse de caractériser[16] ». Comme nous l'avons évoqué, il n'y a que très peu d'écart sur le plan terminologique et définitoire entre les grammaires de référence du français et les ouvrages de grammaire conçus pour un public anglophone. On peut cependant relever une contextualisation du discours grammatical de référence dans la mesure où les auteurs prennent en compte une difficulté observée chez les apprenants anglophones, difficulté vraisemblablement attribuée à une différence entre l'anglais et le français. Ainsi, chez Jubb & Rouxeville (2014, p. 9), nous remarquons l'utilisation de l'adjectif *real* (*real reflexive verbs*). Cet adjectif permet de différencier les verbes réfléchis des autres types de verbes pronominaux. Par ailleurs, les autrices paraphrasent le verbe *to wash*, en y ajoutant le pronom réfléchi optionnel en anglais (elle se lave, '*she washes **herself***'), ce qui vise à mettre en évidence une différence entre le français et l'anglais.

Hawkins & Towell (2015, p. 210), quant à eux, ont recours à la même technique en proposant même une « double paraphrase » pour le cas des verbes réfléchis dont le pronom est COI : « *se laver le visage* 'to wash one's face' (literally : 'to wash the face to oneself') ». De notre point de vue, il serait également intéressant de mettre l'accent sur la question de la préposition qui constitue la différence essentielle entre la fonction COD et la fonction COI. Il faut en effet d'abord comprendre les rôles sémantiques pour ensuite bien accorder le participe passé. Les éléments évoqués dans les ouvrages sont donc utiles, car ils prennent bien en compte les différences entre l'anglais et le français, mais ils ne semblent pas suffisants dans la mesure où les apprenants achoppent toujours sur l'accord du participe passé dans le cas des verbes pronominaux. Nous avons alors considéré qu'il fallait compléter ces explications grammaticales par des éléments visuels.

1.3.3. Les dessins facilitateurs

C'est pendant la correction des exercices et au cours des explications que nous avons choisi d'introduire les dessins facilitateurs. Ce qui nous

---

[16] Il s'agit de la terminologie employée par le groupe de recherche GRAC/DILTEC (2013), appelé maintenant le GreC.

semble intéressant dans cette approche, c'est la possibilité de changer de modalités dans un espace-temps d'apprentissage assez limité, en passant des formes de discours écrites et verbales à des représentations visuelles. Les dessins facilitateurs permettent une certaine prise de distance par rapport au discours grammatical traditionnel et une appréhension plus rapide et synthétique du fait de langue, tout en essayant d'en conserver l'essence. De manière générale, notre démarche vise à améliorer le rapport de l'apprenant à la grammaire et, plus spécifiquement, à des points grammaticaux aussi complexes. L'ensemble des dessins présentés ci-dessous ont été réalisés en classe et pris en photo par nous-mêmes.

1.3.3.1. Les dessins synthétiques

Le premier dessin facilitateur reproduit ci-dessous rassemble différentes formes pronominales (dessin 1). Selon les cours et les groupes d'apprenants, il est en effet parfois plus pratique de regrouper différentes formes pronominales. À travers ce dessin, nous avons tenté d'illustrer des formes réflexives et réciproques (COD et COI) pour mettre en évidence l'accord ou l'absence d'accord du participe passé. Cette approche synthétique est utilisée dans les cas où les apprenants ont globalement compris les raisons pour lesquelles il y a accord ou non, sans qu'ils n'aient à aller dans le détail ou à utiliser un métalangage de spécialiste. Dans les autres cas, nous isolons chaque forme pronominale à laquelle nous associons des explications verbales plus détaillées en français ou dans la L1 des apprenants.

Dessin 1: Exemple pour expliquer l'accord ou l'absence d'accord d'un verbe réfléchi et réciproque (vue d'ensemble).

1.3.3.2. *Cas où il y a accord du participe passé*

Les dessins 2 et 3 reproduits ci-dessous représentent deux catégories de forme pronominale. Nous éprouvons une certaine facilité à « dessiner » les catégories pour lesquelles il y a accord du participe passé. Pour le verbe « se regarder » par exemple, un simple fléchage nous permet de rendre compte du type d'action en question (réciproque) et donc, de l'accord.

Dessin 2: Exemple d'un verbe réciproque (accord du participe passé au pluriel).

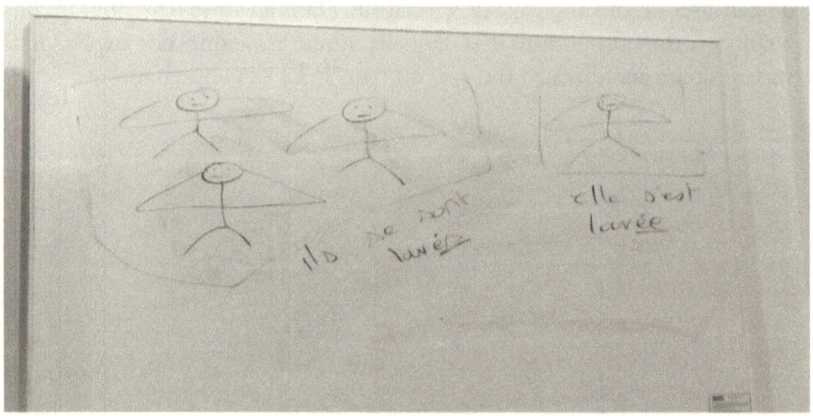

Dessin 3: Exemples de verbe réfléchi (accord du participe passé au pluriel et au singulier).

1.3.3.3. Cas où il n'y a pas d'accord du participe passé

Pour les cas où il n'y a pas d'accord du participe passé, nous observons qu'il est plus délicat de représenter le COI qui justifie l'absence d'accord, que la forme pronominale soit réfléchie ou réciproque (dessins 4, 5 et 6). Cela nous pousse à ajouter des éléments, qui surchargent le tableau et risquent de nous éloigner de l'objectif principal qui est de transmettre le plus possible de connaissances en montrant le moins possible. Enfin, nous avons constaté que pour d'autres catégories telles que les verbes pronominaux à sens passif ou les verbes essentiellement pronominaux, le recours au dessin est impossible.

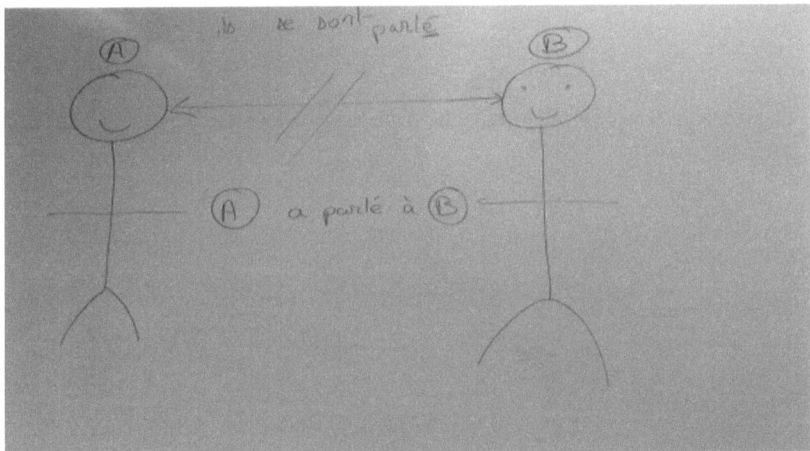

Dessin 4: Exemple d'un verbe réciproque (absence d'accord du participe passé au pluriel).

Dessin 5: Exemple d'un autre verbe réciproque (absence d'accord du participe passé au singulier).

Dessin 6: Exemple d'un verbe réfléchi (absence d'accord du participe passé au singulier).

Conclusion

L'accord du participe passé des verbes pronominaux constitue une pierre d'achoppement dans l'enseignement et l'apprentissage de la grammaire du français, en particulier pour les apprenants anglophones que la langue première n'aide pas à surmonter cette difficulté. L'anglais présente en effet des différences avec le français dans la construction des compléments essentiels des verbes. Les concepteurs de manuels pour anglophones en ont conscience et proposent des descriptions qui prennent en compte la différence entre les deux systèmes linguistiques. Cependant, cela semblant insuffisant, nous avons décidé d'expérimenter une nouvelle approche, celle des dessins facilitateurs. De notre point de vue, ils représentent un compromis intéressant et permettent de réconcilier les apprenants avec l'accord du participe passé des verbes pronominaux. Dans la majorité des cas, comme nous l'avons illustré à l'aide des photos prises dans nos cours, les règles d'accord sont faciles à schématiser. Cependant, représenter sous forme iconographique l'accord ou l'absence d'accord du participe passé peut s'avérer difficile, voire impossible, lorsqu'il n'y a pas d'accord du participe passé. Il devient alors nécessaire d'ajouter des éléments qui peuvent, à leur tour, venir alourdir la représentation graphique, ce qui entre en contradiction avec le but pédagogique recherché.

S'agissant des résultats de cette expérimentation, l'effet a été perceptible sur la dynamique du cours que l'utilisation de dessins rend indéniablement plus vivant. La prochaine étape consistera à mesurer l'impact de cette approche sur la compréhension des règles par les apprenants, sur leur perception des règles et sur leur application dans des productions écrites.

Bibliographie

Beacco, Jean-Claude, 2010, *La didactique de la grammaire dans l'enseignement du français et des langues*. Paris : Didier.

Beguelin, Marie-José, 2002, « Faut-il simplifier les règles d'accord du participe passé ? ». Travaux neuchâtelois de linguistique. 37, 163–189.

Chalker, Sylvia & Weiner, Edmund, 2014, *The Oxford Dictionary of English Grammar*. Oxford University Press.

Chevalier, Jean-Claude, Blanche-Benvéniste, Claire, Arrivé, Michel & Peytard, Jean, 2002, *Grammaire Larousse du français contemporain*. Paris : Larousse.

Chervel, André, 1977, *Et il fallut apprendre à écrire à tous les petits Français : Histoire de la grammaire scolaire*. Paris : Payot.

Fairon, Cédrick & Simon, Anne-Catherine, 2018, *Le petit bon usage de la langue française*. Bruxelles : De Boeck Supérieur.

GRAC/DILTEC. 2013. Terminologie commune du GRAC. Document interne, non publié.

Grevisse, Maurice & Goosse, André, 2008, *Le Bon Usage*. Bruxelles : De Boeck Supérieur.

Hawkins, Roger & Towell, Richard, 2015, *French Grammar and Usage*. Londres : Routledge.

Jubb, Margaret & Rouxeville, Annie, 2014, *French Grammar in Context*. Londres : Routledge.

Larreya, Paul & Rivière, Claude, 2005, *Grammaire explicative de l'anglais*. Longman.

Riegel, Martin, Pellat, Jean-Christophe & Rioul, René, 2014, *Grammaire méthodique du français*. Paris : PUF.

Wilmet, Marc, 1999, *Le participe passé autrement*. Bruxelles : De Boeck Duculot.

Wilmet, Marc, 2010, *Grammaire critique du français*. Bruxelles : De Boeck Duculot.

Chapitre 6.

Complétives en *que*, complétives réduites à l'infinitif

FRYNI KAKOYIANNI-DOA, MONIQUE MONVILLE-
BURSTON ET DORA LOIZIDOU

Introduction

Ce chapitre examine les difficultés rencontrées par les apprenants chypriotes hellénophones concernant la syntaxe des complétives du français. Plus précisément, il constitue la quatrième étape d'un projet d'étude ('Enseignement/Apprentissage de la complémentation') sur les problèmes auxquels ces apprenants sont confrontés dans la production de certaines subordonnées complétives en *que* et de certaines complétives réduites à l'infinitif (introduites par *de* ou Ø). Nous décrirons d'abord brièvement les traits essentiels — ceux pertinents pour notre étude — de la syntaxe de la complémentation en français et en grec, puis nous rappellerons les trois étapes précédentes du projet et les résultats obtenus, sur lesquels se fonde la quatrième étape. Nous analyserons ensuite le discours (enregistré au cours d'entretiens) de dix apprenants de niveau B1-B1+ qui se sont exprimés sur une sélection de constructions complétives causant fréquemment problème, et qui ont discuté de leur grammaticalité ou non-grammaticalité et de la nature des marqueurs de complémentation dans les deux langues (Fr. *que*, *de* ; Gr. ότι/πως, να [óti/pos, na]). Nous conclurons que pour certains participants l'influence de la L1 sur les structures discutées reste notable et que le discours métalinguistique des participants est souvent incertain et fragile et reflète la culture grammaticale associée à la L1.

1. Complémentation

1.1. Traits principaux de la complémentation en français

Dans cette courte section nous ne faisons que mettre l'accent sur les aspects de la complémentation qui seront directement utiles pour les questions traitées dans le chapitre. Dans les grammaires de référence récentes (Wagner & Pinchon, 1991, Le Goffic, 1993, Riegel *et al.*, 1994, Pellat *et al.*, 2016) on désigne par 'complétives' un ensemble de subordonnées typiquement en *que P* ('Je pense *qu'il va pleuvoir*'). Le sémantisme des verbes qui les introduisent est divers (*falloir, croire, espérer, demander, regretter*, etc.) et c'est lui qui décide généralement du mode du verbe de la subordonnée, indicatif ou subjonctif. Dans la complétive l'ordre des mots est le plus souvent l'ordre canonique de la phrase française, SVO (quoique la postposition du sujet soit possible).

Dans ce chapitre nous traitons aussi comme complétives, en les qualifiant de 'réduites', les propositions infinitives[17] qu'on peut considérer comme des transformations de complétives à verbe fini, et qui résultent de l'identité du sujet de la principale et du sujet de la subordonnée : **Je₁ regrette que je₁ sois en retard* > *Je regrette d'être en retard*. **Jean veut que Jean parte*> *Jean veut partir*. Dans ce cas l'infinitif peut ou non être précédé de *de*, selon le verbe introducteur.

1.2. Traits principaux de la complémentation en grec (en comparaison avec le français)

La complémentation en grec est complexe (Holton *et al.* 1997, 1999, Clairis & Babiniotis, 2010, Robert & Robert, 2016). Ce qui suit est une simplification qui retient les points essentiels qui permettront au lecteur de comprendre les difficultés des apprenants discutées dans la présente étude et de suivre le discours des participants.

En grec les complétives se divisent en deux catégories: celles dont le mode est l'indicatif et celles dont le mode est le subjonctif. Les complétives à l'indicatif sélectionnent une conjonction introductrice qui dépend de la sémantique du verbe qui la gouverne, *óti* et *pos*, qui, dans le cadre de

---

[17] Voir Riegel *et al.*,1994 : 788.

notre projet d'étude, sont associées à des verbes de parole ou de pensée[18].
Ces conjonctions ont pour équivalent français la conjonction *que* (1) :

(1) Nomízo   [óti/pos   mou   les   psémata]
    penser-PRES- CONJ   PPERS   *dire*-   des mensonges-
    IND-ISG   PRES-IND-ISG   ACC[19]
    Je pense   que   me   tu dis   des mensonges
    [Je pense que tu me dis des mensonges]

Les complétives au subjonctif (*ipotaktikí*) suivent les verbes de volonté, de souhait, d'ordre, etc. Le subjonctif est une forme périphrastique où le verbe (dans sa forme 'dépendante') est précédé du morphème *na*. La nature de ce mot dans les complétives (conjonction, particule ou marqueur) est l'objet de débats parmi les grammairiens et les linguistes grecs (cf. par exemple Philippaki-Warburton & Veloudis, 1985, Christidis, 1986, Philippaki-Warburton, 1994, Tsangalidis, 1999, Holton et al., 1997, 1999, Clairis & Babiniotis, 2010) qui avancent des arguments en faveur de l'une ou l'autre catégorisation[20]. Le mot a pour « équivalent » en français la conjonction *que*, quand les sujets des verbes de la principale et de la subordonnée sont différents (2).

(2) Thélo   [o Pávlos   na   érthi]
    vouloir-PRES-IND-ISG le Paul-NOM   PARTIC   *venir*-DEP-3SG
    Je veux   Paul   --   vienne
    Je veux [que Paul vienne].

---

[18] D'autres conjonctions sont : *mi* (μη), *mipos* (μήπως) [qui suivent les verbes de crainte] et *pou* (που) [qui indique une complétive factive] (voir Holton *et al.* version anglaise (1997 : 45--454) ou Holton *et al.* version grecque (1999 : 428).

[19] Les abréviations suivantes sont utilisées dans le chapitre : PRES (présent), IND (indicatif), DEP (dépendant) 1SG/2SG/3SG (1ère/2ème/3ème personne du singulier), PPERS (pronom personnel), NOM (nominatif), ACC (accusatif), PARTIC (particule), CONJ (conjonction), C0ND (conditionnel), IMPERS (verbe impersonnel). Le terme 'particule' est utilisé ici pour désigner *na*, mais voir dans le reste du chapitre la discussion qui concerne ce morphème.

[20] Clairis et Babiniotis parlent d'une « conjonction adverbiale simple » (2010 : 964). Holton *et al.* séparent *na* « particule » et *na* dans les complétives, qu'ils identifient comme « indicateur/marqueur du subjonctif » (1999 : 206), alors que *óti/pos* sont des « indicateurs complétifs » (1999 : 428).

Il est à noter que *na* se place devant le verbe et non pas au début de la subordonnée.

Quand les sujets des verbes de la principale et de la subordonnée sont identiques, le français choisit une complétive réduite à l'infinitif (3). Le grec moderne n'ayant pas d'infinitif, les complétives réduites à l'infinitif comme dans *je dois partir* sont inexistantes. Leurs équivalents sont au 'subjonctif', et le verbe est fini[21].

(3) Bóro   [na   fígo]
     pouvoir- PRES-IND-ISG   PARTIC   *partir*-DEP-ISG
     Je peux [partir]

Il ressort de cette brève comparaison de la syntaxe de la complémentation en grec et en français que pour les apprenants le choix du marqueur de la complémentation, le choix du mode, et l'ordre des mots sont des sources potentielles de difficultés. Ce sont ces difficultés qui nous ont intéressées et qui ont fait l'objet de notre projet d'étude.

2. Étapes précédentes du projet

2.1. Première étape

La première étape de l'étude a été la constitution d'un corpus de travaux écrits d'apprenants et le catalogage de leurs erreurs (Monville-Burston & Kakoyianni-Doa, 2017). Celles qui nous concernent ici sont :

a) le lien entre le verbe principal et la complétive (*que* vs *de* vs Ø). Ex : C'est une nécessité *qu' [= d'] apprendre une langue étrangère.
b) le choix entre la complétive en *que* et la complétive réduite à l'infinitif. Ex : Je souhaite *Paphos de gagner [= que Paphos gagne] de nombreux titres.
c) la construction des verbes modaux : *pouvoir, vouloir, devoir*. Ex : On peut *de communiquer [= communiquer].
d) la construction des verbes impersonnels. Ex : Paphos *il faut [= doit] recevoir quelques conseils.

---

[21] Le groupe *na* + verbe-DEP constitue ce qu'on appelle traditionnellement le subjonctif (cf.Holton *et al.*, 1997 : 206)

2.2. Deuxième étape

La deuxième étape était centrée sur l'analyse du discours des grammaires/manuels grecs du FLE.

Les résultats ont été présentés à la journée d'étude GRAC 2017 (Monville-Burston & Kakoyianni-Doa, 2017) et au colloque MODIMES de Nicosie (Kakoyianni-Doa & Monville-Burston, 2017). Les grammaires grecques du FLE, quand elles sont entièrement rédigées en français, suivent de près des grammaires du FLE publiées en France et ne s'adressent donc pas aux difficultés particulières des hellénophones. Les grammaires bilingues ou rédigées entièrement en grec, tentent de *contextualiser* leurs présentations : traduction des exemples dans la L1, explications plus fines avec des remarques métalinguistiques ou terminologiques (voir par exemple Tsouctidi, 2006 : 122, Voïla *et al.*, 2014 : 45). Cependant on note une absence de remarques sur l'ordre des mots dans les structures complétives.

2.3. Troisième étape

Dans la troisième étape nous avons tenté de nous faire une image plus précise de l'interlangue des apprenants à l'aide d'un test de jugement de grammaticalité (TJG) constitué de phrases extraites ou adaptées du corpus (cf. Section 2.1). Les résultats ont été présentés dans Kakoyianni-Doa *et al.* (2018). Les phrases les plus mal jugées (c'est-à-dire jugées correctes quand elles étaient incorrectes et vice versa) par les participants avaient à voir avec la construction des complétives réduites à l'infinitif introduites par des verbes modaux (**je veux de partir*), la confusion entre constructions impersonnelles et personnelles (**Marie il faut partir = Marie doit partir*) et la reproduction en français de l'ordre des mots grec de certaines complétives en *na* (**Je veux Paul de partir*).

3. Quatrième et présente étape du projet

3.1. Description générale et questions de recherche

Nous avons procédé à des entretiens semi-directifs au cours desquels les participants ont verbalisé leurs idées sur des phrases correctes ou fautives (tirées du TJG), a) à propos de la syntaxe de la complémentation et b) au sujet de la terminologie utile pour en parler. Le but des entretiens était de faire expliciter oralement aux participants quelles étaient leurs connaissances, leurs représentations internalisées de ce domaine de la syntaxe et quelles étaient leurs stratégies pour la production d'une structure complétive en FLE. Nos questions de recherche étaient donc les suivantes :

a) Quelles règles les sujets appliquent-ils pour décider si une phrase est grammaticale ou non ? Sont-ils capables de les formuler explicitement ?
b) Ces règles sont-elles fondées sur leur apprentissage formel de la syntaxe du français (grammaires/manuels du FLE, discours/ explications de leurs enseignants) ? Sont-ce des règles personnelles d'apprenants ?
c) Quel contrôle ont-ils de la terminologie grammaticale en français et dans leur langue maternelle ?

3.2. Méthodologie de recherche

3.2.1. Les participants

Dix étudiants du Département d'Études françaises et européennes de l'Université de Chypre (première année) ont participé à l'étude. Ils avaient tous le grec moderne comme L1 et avaient appris l'anglais (L2) avant le français. Le français est la langue d'enseignement des cours de contenu du cursus universitaire du Département, mais les étudiants interrogés ont dû suivre, en plus, obligatoirement, des cours de remise à niveau de langue française conduisant à B1+ sur l'échelle du CECR (Conseil de l'Europe, 2001). Lors des entrevues les sujets étaient tous de niveau B1 à B1+.

3.2.2. Déroulement de l'entretien

Même si certains chercheurs questionnent la validité de l'utilisation de l'introspection comme méthode de recherche pour exploiter les processus cognitifs internes des apprenants de langues secondes, on doit reconnaître que les données fournies par les verbalisations des apprenants, contiennent néanmoins des informations très utiles et parfois surprenantes sur leurs processus mentaux et sur leurs stratégies d'apprentissage — qui ne sont pas toujours accessibles par la simple observation (Cohen, 1987, Russo *et al.*, 1989, Swain, 2006).

Pour organiser les entretiens, menés en grec, nous avons élaboré un guide constitué de deux parties : la première portait sur les connaissances métalinguistiques des étudiants et la seconde sur leurs verbalisations concernant des phrases du TJG. Une liste de six phrases (deux correctes et quatre incorrectes, ces dernières tirées des items où le jugement de l'ensemble des participants au TJG avait été contraire à la grammaire du français dans au moins 50 % des cas) a été distribuée au début de l'entretien pour en faciliter le déroulement. Il s'agissait des phrases suivantes :

Ph1 : La directrice voudrait que tous les enfants soient à l'école à 7h30.

Ph2 : Il est nécessaire d'avoir un passeport pour aller en Australie.

Ph3 : *Je voudrais d'aller faire du ski pendant les vacances.

Ph4 : *Je souhaite mon frère de se marier avec ma meilleure copine.

Ph5 : *Les autorités il faut assurer la sécurité des réfugiés.

Ph6 : *Il est nécessaire d'il y a une bonne organisation dans une entreprise.

Les questions posées aux participants étaient ouvertes, ce qui leur permettait de s'exprimer dans leurs propres termes. Les enquêtrices (hellénophones) tentaient simplement de recentrer l'entretien sur les points qui les intéressaient ou auxquels l'interviewé ne venait pas par lui-même. Pour chaque phrase, il a d'abord été demandé aux étudiants de donner la traduction grecque, ensuite ils ont été interrogés sur les formes grammaticales contenues dans la phrase à discuter (infinitif, subjonctif, *que, de*) et sur leurs équivalents grecs. Et tout particulièrement ils ont été invités à décider de la grammaticalité/non-grammaticalité des six phrases, et à justifier ou commenter leur opinion.

Chaque entretien, qui a duré environ trente minutes, a été enregistré, avec la permission des participants.

3.2.3. Procédure d'analyse des données

Pour l'analyse des données, nous avons recouru à l'analyse thématique de contenu en tant que « technique de recherche pour la description objective, systématique et quantitative du contenu manifeste de la communication » (Bardin, 1993 : 21). Notre analyse s'est organisée en quatre phases successives : 1) retranscription, 2) préanalyse, 3) catégorisation et 4) interprétation. Dans une première phase, les entretiens enregistrés ont été anonymisés et transcrits intégralement sous forme écrite (*verbatim*) afin de permettre une étude exhaustive des données. L'objectif de la deuxième phase était de prendre bonne connaissance des données à analyser et de procéder à un découpage du corpus en unités thématiques (12 thèmes découpés en 47 sous-thèmes). La troisième phase (catégorisation) a constitué une étape centrale de notre analyse car elle avait pour but de faciliter la phase finale d'analyse et d'interprétation. Les données du corpus ont été classées par apprenant selon les catégories préétablies, à l'aide d'Excel. Plus précisément, nous avons composé des rubriques rassemblant des éléments de nos trois questions de recherche et ensuite, nous avons procédé au codage/comptage des unités du corpus. La dernière phase nous a permis d'approfondir l'analyse de résultats avec une analyse quantitative, afin de traiter nos données pour les rendre significatives.

4. Verbalisations

La verbalisation, qui a fait ses preuves dans le domaine de la psychologie et de l'apprentissage, est la mise en place d'une pensée à travers les mots, et fait aussi appel aux souvenirs/connaissances antérieures des sujets interrogés[22]. Balslev et *al.* notent que cette activité langagière, orale ou écrite, est produite « dans des sphères d'activité spécialisées et formalisées » (2019 : 6), ce qui s'applique à notre étude. Ils précisent que les formes de la verbalisation s'échelonnent entre la plus spontanée et la plus provoquée, comme « l'investigation des procédures mentales dont résulte une résolution de problème » (2019 : 7). Notre investigation de l'acquisition de la complémentation est orale et essentiellement provoquée.

4.1 Résultats

Nous commentons d'abord les verbalisations des participants, concernant les phrases *Ph1* et *Ph2,* qui étaient grammaticalement correctes. Tous les étudiants ont su reconnaitre que ces phrases étaient effectivement correctes et les ont traduites sans difficulté mais leurs

---

[22] Pour des définitions de la notion de verbalisation, voir Ronveaux & Van Beveren, 2016 : 5 et Balslev *et al.*, 2019 : 6, par exemple.

verbalisations contiennent des remarques intéressantes que nous présentons dans ce qui suit.

Ph1 : *La directrice voudrait que tous les enfants soient à l'école à 7:30*[23].

I	diefthintria	tha	ithele	ola	ta	pedia	na	ine	sto	scholio	stis	7:30
La	directrice 	PARTIC- COND elle- voulait	tous	les	enfants	NA	ils- sont	à+le	école	à	7:30

Tous les étudiants ont fait des remarques sur la structure de *Ph1* (principale et subordonnée qui lui est reliée par une conjonction [voir ci-dessous 5.1 QUE]). La forme du subjonctif *soient* a suscité de nombreux commentaires. Certains participants ont exprimé leurs réticences à employer ce mode en français. A1 déclare[24] : « Ça [le subjonctif] rend les choses un peu difficiles pour moi. Certains verbes sont irréguliers. La vérité est que je ne l'utilise pas beaucoup car il est difficile à traduire ». Il ajoute : « [...] je ne sais pas s'il existe une façon de traduire le subjonctif [français] en grec. Je crois qu'il se traduit par *na* en grec, comme avec les verbes à l'infinitif. En anglais, par exemple, c'est *to*, *to have*, en grec c'est *na* ». A10 dit, quant à lui, « La vérité est que je ne l'utilise pas beaucoup car il est difficile, alors qu'en grec il est plus facile et je l'utilise plus souvent ». Cette facilité est sans doute due au fait 1) que le subjonctif (*ipotaktikí*) est effectivement très courant en grec et correspond aussi bien au subjonctif qu'à l'infinitif français dans des phrases enchâssées (que les sujets des verbes de la principale et de la subordonnée soient identiques ou non) et 2) qu'un verbe au subjonctif peut de plus jouer le rôle de verbe principal (avec *na*) pour exprimer l'ordre, l'encouragement ou le souhait. Par contre ce qui rend le subjonctif français compliqué pour les apprenants c'est que les connotations sémantiques qui y sont associées sont variées et abstraites, que sa morphologie est opaque et sa fréquence (et donc les occasions des apprenants d'y être exposés) limitée.

---

[23] Chaque phrase est suivie de sa traduction en grec translittérée, avec gloses.
[24] Les propos rapportés des participants ont été traduits par les chercheuses hellénophones.

Ph2 : Il est nécessaire d'avoir un passeport pour aller en Australie.
Ine anageo   na   echis   diavatirio   gia   na   pas   stin   Afstralia
Est nécessaire NA   tu-as   passeport   pour na   tu-vas à+la   Australie

Les participants ont fait des remarques sur la construction du morphème *de* (voir ci-dessous 5.2 DE) et sur son associé, l'infinitif ainsi que sur les constructions impersonnelles. A1 raisonne que l'enchaînement syntagmatique des éléments de la phrase est grammatical : « nous avons *il est* et ensuite *avoir* donc *de* viendra avant *avoir*, pour les joindre. On ne peut pas dire *il est nécessaire avoir* ». A3 et A4 signalent par ailleurs que *de* impose de mettre un infinitif dans la phrase et A4 ajoute que « ça vient spontanément. La phrase n'a pas de sens sans le *de* » mais il ne sait pas dire pourquoi ; il déclare ne pas pouvoir comprendre la présence de *de* mais il suppose que *de* correspondrait au *na* grec : « Je suis troublé quand je vois *de* devant un verbe dans les phrases. Je ne comprends pas pourquoi dans cet exemple on a *de*. On pourrait dire qu'en grec c'est *na*, mais je ne suis pas sûr ». A6 dit également : « Cela n'aurait pas de sens sans le *de* et la syntaxe ne serait pas correcte mais je ne sais pas comment l'expliquer ».

Quant à l'expression *Il est nécessaire,* elle est toujours suivie du *de,* disent A3 et A8. Pour A8, on dit *il est nécessaire de* ou *il est nécessaire que* mais « si nous pensons en grec, nous dirions *ine anageo na* ce qui est équivalent à « *il est nécessaire de* ». Il est à noter que sept participants sur dix ont formulé une règle selon laquelle, quand on parle en « termes généraux » — à savoir sans considération de personne ou de nombre — on doit utiliser un infinitif (rendu dans les traductions grecques des participants par la seconde personne du singulier collective, *tu as*).

A10 remarque enfin que sa langue maternelle n'entre plus en jeu dans sa grammaire : « Lorsque j'ai commencé à apprendre le français, on m'a dit que lorsqu'il y a un verbe avant, le verbe qui suit doit être à l'infinitif. C'est un peu étrange mais je l'ai accepté, j'ai dit que si c'est comme ça, c'est bien. Je ne l'ai jamais traduit. J'ai à présent cessé de penser en grec ». En conséquence pour A10 la traduction ne semble pas jouer de rôle essentiel. Ce témoignage (et d'autres mentionnés ci-dessus) laisse entrevoir que pour certains participants la grammaire des constructions impersonnelles (comme illustrée dans *Ph2*) est devenue implicite (voir Cuq 2003, Ellis, 1994, 2008) : ils savent automatiquement, spontanément, que la phrase est correcte, qu'ils aient complètement assimilé les règles auxquelles ils ont été antérieurement exposés ou observé/mémorisé des éléments de la langue cible qu'ils reconnaissent. Ils n'ont pas besoin de raisonner

Complétives en que, complétives réduites à l'infinitif   111

consciemment pour juger de la grammaticalité de la phrase, et se sentent d'ailleurs incapables de le faire.

Nous considérons dans ce qui suit les verbalisations concernant les quatre des phrases non-grammaticales proposées aux participants.

Ph3 : *Je voudrais d'aller faire du ski pendant les vacances.
Tha ithela na pao   na   kano ski kata tin diarkia ton   diakopon
PARTIC-   NA je-vais pour je-fais ski pendant (la durée) de+les vacances
COND-je-
voulais

Cette phrase a été jugée incorrecte par 60 % des étudiants : A1, A5, A6, A7, A8, A10. A5 et A6 y ont vu un transfert possible du grec et déclarent : « Je crois que la personne qui a écrit cette phrase a fait une traduction exacte du grec ». Cela montre que la majorité des étudiants ont conscience que l'influence de la L1 reste présente, mais que le grec *na* ne peut pas toujours être rendu par *de*. De plus deux étudiants (A2 et A9) sont hésitants, bien que proches de la règle de construction des verbes de volonté : « Cela me semble correct », mais « moi j'enlèverais le *de* » propose A9, mais sans donner à priori de raison pour sa suggestion. Le même étudiant déclare préférer la règle qu'on trouve dans les grammaires françaises de FLE : « *Vouloir* et *pouvoir* sont suivis d'un infinitif », même s'il se demande si on peut mettre deux infinitifs l'un à la suite de l'autre (ø *aller*... ø *faire*). Il s'ensuit qu'on peut supposer que la majorité des participants maitrisent bien la construction *je voudrais* suivi directement d'un infinitif. C'est après tout une structure à laquelle les apprenants sont exposés dès les débuts de l'apprentissage, et dont on s'attendrait à ce qu'elle soit acquise au niveau intermédiaire. Enfin seuls deux participants sur dix (A3 et A4) approuvent la phrase sans réserve. Tous deux disent que la phrase est simple et correcte car rien ne lie deux phrases [il n'y a pas de conjonction de subordination], et *de* renvoie à *na* comme dans « *thelo na pao,*je veux d'aller* ».

Ph4 : *Je souhaite mon frère de se marier avec ma meilleure copine
Efchome   o adelfos mou   na pantrefti   me tin kaliteri   mou   fili
Je-souhaite le frère   de moi NA il-se marie avec la   meilleure de+moi amie

Cette phrase a provoqué beaucoup de réflexions et de remarques. Un seul étudiant sur dix (A2) l'avait jugée correcte dans le TJG. Il a maintenu dans l'entretien que la phrase est grammaticale et a donné pour raison que *de* est l'équivalent exact de *na*. On remarquera en effet que la phrase française erronée est une parfaite réplique de la phrase grecque correspondante (dans ses éléments constitutifs et dans leur ordre). A1 et A10, pour la condamner, se sont référés à une règle qu'ils énoncent ainsi : « Après le verbe *souhaiter* on doit utiliser seulement *que*. » A8 signale aussi qu'après le verbe *souhaiter* il faut utiliser *que* mais suivi du subjonctif et pense que l'auteur de la phrase ignore les règles d'emploi du subjonctif. Elle propose, avec justesse, et pour de bonnes raisons : « Moi j'écrirais *je souhaite que mon frère se marie avec ma meilleure copine*. Je n'aime pas le *de* parce qu'on a deux verbes, deux noms, je veux dire deux sujets différents ». Nous sommes proches ici de la règle selon laquelle l'infinitif est évité si le sujet du verbe principal est différent de celui du verbe subordonné. Il est à noter cependant que A10 a déclaré catégoriquement qu'il préfère dire *il faut que je parte* à *il faut partir*. Enfin A1, très sûr de lui, déclare : « Non, pas de *de* dans cette phrase ! Il gâche le flux de la phrase ». La structure représentée dans *Ph4* semble faire partie de ses connaissances grammaticales implicites (voir ce qui a été dit plus haut pour *Ph2*). Au final, il semble que les participants maitrisent relativement bien la construction du verbe *souhaiter*.

Ph5 : **Les autorités il faut assurer la sécurité des réfugiés.*
I   arches   prepi   na   eksasfalisoun   tin   asfalia   ton   prosfigon
Les   autorités   faut   NA   elles-assurent la   sécurité   de+les   réfugiés

Cette phrase a été immédiatement remise en question par la majorité des participants (sept sur dix), qui ont détecté clairement le problème qu'elle pose : A3, A4 et A5 critiquent l'ordre des mots. Selon eux, le sujet *les autorités* est mal placé puisqu'il est suivi du pronom personnel *il*. « On ne peut pas, disent-ils, utiliser *il faut* après le sujet, ça semble faux. On n'aurait pas dû mettre *il*. On devrait choisir entre *il faut* et *les autorités* [comme terme initial de la phrase] ». « Non, c'est faux. *Il faut* devrait être en tête de phrase » conviennent A4, A7 et A8. A2 précise que *il faut* devrait être suivi d'un subjonctif ou qu'on doit supprimer le *il*, ce qui confirme que l'étudiant sait, même s'il ne s'explique pas clairement, qu'on a le choix entre un verbe impersonnel accompagné d'une subordonnée au subjonctif et un verbe personnel suivi d'un infinitif. Mais c'est A1 qui va au bout du raisonnement et change correctement la phrase en substituant au verbe *falloir* le verbe *devoir*: « Les autorités doivent assurer la sécurité de réfugiés ». A7, A8 et A10 ont immédiatement choisi l'autre option, disant que la phrase devrait être: « Il faut que les autorités assurent la sécurité de réfugiés ». A2 et A6 ont jugé *Ph5* correcte sans donner de raison et A9 a déclaré ne pas savoir si la phrase était correcte ou non. On peut en conclure que si une phrase aussi nettement fautive que *Ph5* est acceptable pour certains participants, c'est que l'influence de la syntaxe du verbe impersonnel grec *prepi* demeure forte sur la construction de l'impersonnel *il faut*.

Ph6 : **Il est nécessaire d'il y a une bonne organisation dans une entreprise.*
Ine anageo   na   iparchi mia kali organosi   se   mia epichirisi
est nécessaire NA il-y-a   une bonne organisation dans une entreprise
                     IMPERS

Neuf des dix participants (A6 est l'exception), ont jugé que la phrase était agrammaticale. Ils ont regretté l'absence d'infinitif après *de*. Ils ont proposé une correction sémantiquement légèrement différente, avec perte de la forme impersonnelle : « Il est nécessaire d'avoir une bonne organisation dans une entreprise ». A3 a rappelé : « *Comme je l'ai déjà dit, de doit être suivi d'un verbe à l'infinitif* ». « Je ne pense pas que *il y a* soit correct, a déclaré A4. Mais je ne sais pas pourquoi. Je mettrais *avoir* à sa place mais je ne sais pas exactement pourquoi, mais ça sonne mieux ». Lorsque nous avons demandé par ailleurs s'il serait possible d'utiliser une complétive en *que*, la réponse a été positive pour A7, A9, A10. Ces étudiants ont clairement répondu qu'on doit avoir soit *de* suivi du verbe *avoir* à l'infinitif soit *que* suivi d'un sujet et d'un verbe conjugué au subjonctif, tout en constatant que l'auteur de cette phrase l'a traduite directement du grec. On remarquera en effet que la phrase française erronée est calquée exactement comme la phrase grecque correspondante, avec *na* accompagné de l'impersonnel *iparchi* (conjugué à la 3ème personne du singulier). Les étudiants maitrisent donc bien (comme pour *Ph2*) le fait que dans la construction impersonnelle de nécessité, *de* doit être suivi d'un infinitif (*il est nécessaire d'avoir…*), mais aucun ne propose qu'une meilleure correction, qui conserverait l'impersonnel *il y a*, serait : *Il est nécessaire qu'il y ait une bonne organisation dans une entreprise*. La combinaison d'*il y a* et du mode subjonctif est certainement un obstacle.

4.2 Discussion des résultats

Notre première question de recherche concernait les règles que les sujets ont appliquées pour décider si une phrase était grammaticale ou non et s'ils pouvaient formuler explicitement ces règles. Suivant les témoignages et les verbalisations ci-dessus, il semble que généralement les sujets appliquent certaines règles mais ne sont pas toujours en mesure de les énoncer. La majorité sait par exemple et accepte incontestablement que 1) dans les constructions complétives réduites, il faut employer l'infinitif après un verbe principal conjugué ou après la préposition *de* ; 2) les verbes de volonté sont suivis directement d'un infinitif ; 3) le subjonctif exprime un souhait, un désir, un ordre, un doute ou un conseil ; 4) les verbes au subjonctif se trouvent dans une proposition subordonnée introduite par la conjonction *que* ; 5) pour ce qui est des verbes impersonnels, il semble également que les participants savent que l'ordre des mots du grec où le sujet de la subordonnée (cf. *les autorités* dans *Ph5*) est extrait et se trouve focalisé en début de phrase, n'est pas acceptable en français.

Il existe cependant des zones majeures d'incertitude. Les participants trouvent que les règles qui gouvernent la présence/absence de la préposition *de* prêtent à confusion. Quant au subjonctif en français, il leur parait difficile : ils en connaissent mal les règles d'emploi et de formation et ils l'évitent, même quand ils le préféreraient à l'infinitif.

Concernant notre deuxième question de recherche (sur l'utilisation de règles grammaticales apprises formellement), seuls deux étudiants ont reconnu se fonder sur un apprentissage à partir des grammaires, des manuels du FLE ou du discours et des explications de leurs enseignants. Même si la majorité des participants sait juger de la grammaticalité d'une phrase, et énoncer, parfois maladroitement des règles approximatives pour justifier leur opinion, ils déclarent souvent que leur jugement s'effectue mécaniquement, sans élaboration et sans référence précise à des représentations métalinguistiques. Ils déclarent produire des phrases et évaluer leur grammaticalité sur la base de la pratique, de l'expérience et de l'intuition. Toutefois, les participants, ayant verbalisé leurs stratégies, et leurs opérations mentales conscientes, ou potentiellement conscientes, ont admis majoritairement que procéder soit intuitivement soit en passant intentionnellement ou non, par leur langue maternelle sont des procédés qui les ont souvent conduits à des productions erronées, par exemple quant au choix entre *de* et *que* puisque les deux morphèmes « correspondent » au *na* du grec.

5. Notions grammaticales et terminologie

Nous considérons maintenant les réponses fournies par les participants concernant la nature et la fonction des 'complémentiseurs' *que, de, na,* ainsi que la terminologie grammaticale qu'ils utilisent et ce qu'elle recouvre[25].

5.1. QUE

Les participants commentent la nature et/ou la fonction de *que*, en utilisant soit la terminologie grammaticale usuelle en grec (plus rarement en français, avec 'alternance des codes' dans leur discours), soit parfois leurs propres termes. S'ils donnent une désignation (nature) pour *que*, ils ont recours aux mots/expressions *síndesmos* (sur lequel sont calqués lat. *conjunctio* et fr. *conjonction*), *sindetikí léksi* ('mot conjonctif'), *sindetikós kríkos* ('lien conjonctif'). Mais plus généralement, ils se concentrent sur la fonction de *que* et c'est le verbe *sindéo* qui est mis à contribution dans leur discours : 'assembler, connecter, relier' [étymologiquement un composé du préfixe *sin-* (association) et du verbe *déno* ('ficeler, ligoter, nouer')]. Mais ils utilisent aussi un verbe qui n'appartient pas à strictement parler à la tradition grammaticale : *enóno* ('faire un, unir, souder') (A1, A3, A7). A1 et A4 attribuent en outre à *que*, un rôle démarcatif (le mot « sépare deux phrases »).

La conceptualisation de *que* se fonde donc sur la notion de lien/union et les éléments que les participants disent être liés par *que* sont deux phrases, plus spécifiquement deux phrases simples (A2 [« pour ne pas répéter le sujet »], A8) ou encore deux verbes ou deux sujets (A7). Mais on voit que cette conceptualisation pourrait tout aussi bien recouvrir les conjonctions de coordination. La notion de subordination est, la plupart du temps, absente dans les discours des participants. Elle est présente implicitement chez A9 qui, en utilisant la notion d'incomplétude, dit que la première partie de la phrase a besoin de la seconde, introduite par *que*, pour faire sens. Seuls A4, A6 et A8 parlent clairement de subordination : le mot *que* « lie la proposition principale et la subordonnée » (*sindéi tin proteúousa me tin deftereúousa prótasi*), A8 utilisant avec une certaine

---

[25] Les réponses, dans les cas, relativement rares, où elles étaient oiseuses n'ont pas été prises en ligne de compte dans la discussion qui suit.

hésitation le français 'conjonction de subordination'. Enfin, quelques étudiants adoptent une perspective contrastive : *que* est alors rapproché de *óti* et de *pos* (A5, A7). Plus intrigante est la réponse de A10, pour qui *que* est l'équivalent de *na*, a pour fonction d'introduire le subjonctif, et est une particule explicative (*epeksigimatikó mório*) : « [*que*] ne lie pas des phrases, ce n'est pas une conjonction ». Il faut probablement voir là une interférence de la L1 (voir ci-après 5.3).

5.2. DE

Quatre des participants tentent de définir la partie du discours à laquelle appartient *de*. Pour A7 et A9, c'est une préposition. Deux autres considèrent le mot comme un article ('article partitif' [terme français utilisé] dans le cas de A3), mais selon A9, dans les phrases proposées, *de* perd sa nature d'article pour devenir l'équivalent de *na*. Tous les participants (à l'exception de A4, sans opinion), signalent que *de* est l'équivalent de *na*, (« équivaut à, est comme, se traduit par [*na*] ») sans qu'ils caractérisent cependant la nature du mot *na* (voir ci-après 5.3). A1 note que *de* et *à* sont très proches et se demande pour quelle raison c'est *de* qui est l'équivalent de *na* et pas *à*.

La réflexion sur *de* donne aussi lieu à des observations syntaxiques (justes ou non) :

1. *de* est suivi de l'infinitif (A3, A4, A6, A7). Ces observations sont parfois étoffées de remarques supplémentaires : « quand on a déjà un verbe conjugué » (A7). « Je ne sais pas exactement ce que signifie *de,* mais on utilise l'infinitif après '*de*' » (A4), ou plus péremptoirement « Il faut l'utiliser devant l'infinitif » (A9) ; ou encore « *de* est un équivalent de *que* mais on utilise *de* devant l'infinitif et *que* devant une verbe conjugué » (A8).

2. *de* est régi par certains verbes ou expressions (A3, A8), par exemple : *il est nécessaire de* (et non *que*), **vouloir de*. « C'est le verbe qui précède qui définit le choix entre *de* et *que* » (A1, A2, A4).

D'un point de vue sémantique, A5 signale que *de* + infinitif exprime une situation générale et que le mot est plus vague que son équivalent *na*, cette remarque étant sans doute due au fait qu'il n'y a pas d'indication de personne sur l'infinitif (à la différence de la forme verbale finie du grec).

5.3. NA

Les participants éprouvent des difficultés à catégoriser *na*. A1 et A8 disent explicitement qu'ils ignorent à quelle partie du discours appartient le mot. A5 affirme ne pas pouvoir l'expliquer et A6 se dit incapable de dire pourquoi il utilise *na*. Quant à A4 et A9, ils restent muets sur la question. Certains cependant donnent des réponses plus précises : A10 appelle *na* une « particule explicative », « qui met l'accent sur l'action ou la pensée qui suit, » et A3 y voit un mot sémantiquement vide (« *na* n'a aucun sens pour moi »), qui fait la liaison entre deux phrases, qui est « un intermédiaire » et qui en conséquence est une conjonction. Mais un participant (A6), remarquant la complexité liée au morphème *na*, note qu'en dehors des emplois illustrés dans les phrases de l'entretien, *na* exprime « l'impératif, des ordres, des conseils, des règles générales » (voir ci-dessus 4.1, *Ph2*).

La fonction de *na* fait aussi l'objet de commentaires, d'abord sa fonction morphosyntaxique : « on a besoin de *na* pour former le subjonctif » (A2), *ipotaktiki*, le subjonctif grec (qui contraste en effet avec le futur, formé avec la particule *tha*). A7 pense donc que la « partie du discours » de *na* est « subjonctif » (par opposition à celle de *óti* qui est « conjonction »). D'un point de vue syntaxique (ordre des mots), A1, A2 et A8 notent l'étroite association de *na* avec le verbe qu'il précède immédiatement. A10 remarque aussi que *na* peut venir « au milieu de la phrase » (c'est-à-dire, probablement, qu'il n'est pas nécessairement le premier mot introducteur de la subordonnée), à la différence de *que* ou *de*. D'un point de sémantique A8 et A10 disent que *na* « exprime l'avenir ». Qu'entendent-ils par là puisque le futur est exprimé par *tha* et non pas par *na* ? Veulent-ils dire qu'il exprime la potentialité, l'éventualité ? Finalement, adoptant un point de vue comparatif, A1 remarque que pour lui, *na* est l'équivalent de *to* en anglais, mais il n'identifie pas *to*.

6. Discussion des résultats

Notre troisième question de recherche concernait la maîtrise que les participants ont de la terminologie grammaticale en français et dans leur langue maternelle. Son intérêt était d'évaluer leur connaissance et leur emploi de termes qu'ils rencontrent dans les manuels de grammaire et qu'ils entendent de la bouche de leurs professeurs.

Là où on peut établir un parallélisme clair entre les structures du grec et du français comme dans les complétives en *óti/pos* et *que* (+ verbe fini), la terminologie est généralement connue et utilisée à bon escient. Le mot *que* est une conjonction (comme *óti/pos*) « liant » une seconde phrase à une première. Les participants cependant parlent rarement de subordination / d'enchâssement.

Le cas de *de* est plus complexe. Les participants établissent souvent une correspondance entre *de* et *na*, dont certains savent pertinemment qu'elle est trompeuse (mais d'autres, non) et imparfaite syntaxiquement (*de* + verbe non-fini vs *na* + verbe fini). Le *de* qui introduit une proposition infinitive a bien peu à voir avec le morphème introducteur d'un syntagme prépositionnel, d'où les incertitudes sur sa nature chez les participants, et le fait qu'ils soient peu tentés de le qualifier de « préposition ». La littérature scientifique a d'ailleurs parfois préféré l'identifier comme une catégorie grammaticale à part et le désigner par des termes comme « marqueur d'infinitif » (Kalmbach, 2008) ou « indice [ex-préposition] » (Sandfeld, 1965 : 26). Peu de participants se prononcent en faveur de le qualifier de conjonction, bien qu'il « relie », disent-ils, deux propositions. C'est pourtant ce qu'a fait Huot (1982), qui l'appelle « subordonnant, complémentiseur ».

On trouve la même incertitude pour *na*. On ne saurait s'étonner que les participants se sentent déroutés par la nature de *na* (est-ce une conjonction? une particule ?) puisque linguistes et grammairiens de leur L1 ne s'accordent pas sur la question. Il est aussi normal que certains participants, sans le formuler expressément, renoncent à l'idée de voir *na* comme un lien entre deux propositions (ce qui résulte en une subordination sans subordonnant) et le considèrent comme une marque morphologique (sorte de préfixe constituant du « subjonctif »). N'est-ce pas ainsi d'ailleurs que l'on présente traditionnellement le subjonctif dans les tableaux de conjugaison grecs, similaires au Bescherelle (cf., par exemple, Iordanidou, 2006) ?

On peut conclure que pour l'ensemble des participants, la conceptualisation de *que* et de *óti/pos* est caractérisée par la notion abstraite de lien. La conceptualisation de *na*, par contre, n'est pas uniforme pour tout le groupe. Certains étudiants la rattachent à l'idée de lien (*na* est une conjonction), d'autres se représentent *na* comme une sorte de pré-verbe (*morio*) modal, qui appartient plus à la morphologie qu'à la syntaxe. Cette représentation double (ambiguë ?) de *na* se reflète sur la conceptualisation, elle aussi double, de *de* (conjonction ou marqueur-préverbe d'infinitif).

Conclusion

Si l'on resitue l'étude qui vient d'être présentée dans le reste du projet « Enseignement/Apprentissage de la complémentation », on peut dire qu'elle a permis de donner une image plus ample, plus approfondie de certains aspects de l'acquisition de la complémentation par des apprenants dont la L1 diffère profondément de la L2 dans ce domaine. D'autre part l'originalité de l'étude a été d'intégrer au tableau d'ensemble le point de vue des apprenants et ainsi de contribuer à la réflexion que se propose le réseau GRAC/GReC, à savoir de retrouver les traces de la culture grammaticale acquise par les apprenants antérieurement à leur apprentissage du FLE et pour, si possible, mieux les exploiter dans l'enseignement (cf.Beacco *et al.*, 2014).

Le projet et sa quatrième étape ont leurs limites. La question de la complémentation est vaste et les résultats de la quatrième étape sont donc biaisés dans une certaine mesure par le nombre réduit d'items déclencheurs des verbalisations : ces items étaient centrés, comme on l'a vu, sur des verbes régissants de volonté et de souhait et sur des expressions introductrices impersonnelles de nécessité, qui sont cependant fondamentaux en début d'apprentissage pour les hellénophones.

On doit noter la richesse et la variété du contenu des verbalisations parmi le groupe des participants, où s'observent, à la fois, connaissance explicite et connaissance implicite de la grammaire du FLE. Certaines connaissances grammaticales sont acquises et partagées, comme l'emploi de l'infinitif ou la syntaxe de base des verbes de volonté et de souhait. La L1 laisse cependant une empreinte assez forte pour provoquer des interférences chez certains sujets ; mais à d'autres, chez qui elle demeure très présente en arrière-plan, elle donne l'occasion de faire des remarques comparatives, entre le français et le grec, et même aussi l'anglais.

Les verbalisations ont permis d'observer des variations non seulement dans la compétence des participants mais aussi selon le type de phrase proposé. Comme les études interlinguales l'ont montré (pour un bilan, cf. par exemple Purpura, 2004 : 33) a) les apprenants semblent acquérir des structures grammaticales différentes selon un ordre acquisitionnel fixe (par exemple dans notre cas, possiblement, la construction du verbe *vouloir* avant celle des impersonnels) b) l'acquisition d'un trait grammatical particulier semble passer par une séquence relativement fixe sur le chemin de la maitrise de ce trait (par exemple l'utilisation de *de* avant ø avec *vouloir*). Ces stades d'acquisition sont transitoires, d'où le degré de variabilité dans les productions des apprenants, et dans notre cas l'insécurité devant certaines phrases à évaluer et à discuter. D'où aussi le fait que certains faits grammaticaux sont mieux « enseignables » ou mieux « apprenables », à certains moments de l'acquisition (Pienemann, 1989). Un développement possible de notre projet serait de travailler sur l'itinéraire acquisitionnel des structures complétives, comme l'ont fait par exemple Bartning et Schlyter (2004) pour les propositions relatives. Quant à la connaissance métalinguistique, on sait qu'elle n'est pas une composante de la compétence grammaticale, mais qu'elle est un moyen de discuter des caractéristiques d'un fait grammatical. C'est à quoi se sont exercés les participants à notre étude, avec incertitudes et hésitations, certes : cependant par son intermédiaire, là encore, ils ont été amenés à s'interroger sur les langues en présence dans leur apprentissage, à comparer L1 et L2, et on peut l'espérer, à prendre mieux conscience de leurs différences et des particularités de la complémentation en français.

Bibliographie

Balslev, Kristine, Lenzen, Benoît & Ronveaux, Christophe, 2019, « Introduction. La verbalisation du côté des apprenant·e·s interprètes : un instrument sémiotique multimodal aux vertus réflexives, vraiment ? », *Raisons éducatives* 23, 5–18.

Bardin, Laurence, 1993, *L'Analyse de contenu*. Paris : Presses Universitaires de France.

Bartning, Inge & Schlyter, Suzanne, 2004, « Itinéraires acquisitionnels et stades de développement en français L2 », *Journal of French Language Studies* 14 (3), 281–299.

Beacco, Jean Claude, Kalmbach, Jean-Michel & Suso López, Javier (dir.), 2014, « Les contextualisations de la description du français dans les grammaires étrangères : présentation », *Langue Française 181*, no.1, 3–17.

Christidis, Phoevos Anastasios, 1986, « On the Modern Greek Deictic Particle na », *Studies in Greek Linguistics 6, Proceedings of the 5th Annual Conference on Greek Linguistics*, May 1985, 221–241. Thessaloniki : Kyriakidis.

Clairis, Christos & Babiniotis, Georgios, 1999, *Grammar of Modern Greek*. Athens : Ellinika Grammata. [Κλαίρης, Χρήστος & Μπαμπινιώτης, Γεώργιος, 1999, *Γραμματική της Νέας Ελληνικής*. Αθήνα : Εκδόσεις Ελληνικά Γράμματα.].

Clairis, Christos & Babiniotis, Georgios, 2010, *La grammaire du grec moderne*. Athènes : Ellinika Grammata.[Κλαίρης, Χρήστος & Μπαμπινιώτης, Γεώργιος, 2010, *Γραμματική της Νέας Ελληνικής*. Αθήνα : Εκδόσεις Ελληνικά Γράμματα.].

Cohen, Andrew D., 1987, « Using verbal reports in research on language learning », *in* : Claus Faerch & Gabriele Kasper (Eds), *Introspection in second language researc*. Clevedon, England : Multilingual Matters, 82–95.

Cuq, Jean-Pierre, 2003, *Dictionnaire de didactique du français langue étrangère et seconde*. Paris : CLE International.

Conseil de l'Europe, 2001, *Cadre européen commun de référence pour les langues : apprendre, enseigner, évaluer*. Paris : Éditions Didier.

Cuq, Jean-Pierre. 2003, *Dictionnaire de didactique du français langue étrangère et seconde*, Paris : CLE International.

Ellis, Nick C.(ed.), 1994, *Implicit and Explicit Learning of Languages*. San Diego, CA. : Academic Press.

Ellis, Nick C., 2008, « Implicit and Explicit Knowledge about Language », *in* : Nancy H. Hornberger (ed.), *Encyclopedia of Language and Education*. Boston, MA. : Springer.

Holton, David, Mackridge, Peter & Philippaki-Warburton, Irene, 1997, *Greek: A comprehensive grammar of the Modern Greek language*. London : Routledge.

Holton, David, Mackridge, Peter & Warburton-Φιλιππάκη, Ειρήνη, 1999, *Γραμματική της Ελληνικής Γλώσσας*. Αθήνα : Εκδόσεις Πατάκη.[*Grammaire du grec modern*, 1999, Athènes : Patakis].

Huot, Hélène, 1982, « Présentation de thèse Constructions infinitives du français, Le subordonnant de », *L'Information grammaticale* 15, 40–41.

Iordanidou, Anna, 2006, *Τα ρήματα της νέας ελληνικής*. Athènes : Pataki.

Kakoyianni-Doa, Fryni & Monville-Burston, Monique, 2017, « Difficultés grammaticales en production écrite chez les apprenants FLE hellénophones », *Atelier au Colloque Langues Moins Diffusées et Moins Enseignées (MoDiMEs) : langues enseignées, langues des apprenants*, 16–17 juin 2017, Nicosie.

Kakoyianni-Doa, Fryni, Loizidou, Dora & Monville-Burston, Monique, 2018, « Aspects de la complémentation en FLE chez des apprenants hellénophones », 6ème *Congrès Mondial de Linguistique Française*

Kalmbach, Jean-Michel, 2008, « Intégrer les marqueurs d'infinitif dans la grammaire française », *Synergies Pays Scandinaves*, 63–74.

Le Goffic, Pierre, 1993, *Grammaire de la phrase française*. Paris : Hachette.

Monville-Burston, Monique & Kakoyianni-Doa, Fryni, 2017 « Les complétives en FLE : apprenants et enseignants chypriotes », *Journée d'étude et de rencontre des membres associés au groupe GRAC-DILTEC*, Maison de la Recherche, 13–14 octobre 2017, Paris, France.

Pellat, Jean-Christophe, Fonvielle, Stéphanie & Grevisse, Maurice, 2016, *Le Grevisse de l'enseignant – la reference grammaticale indispensable – grammaire française*. Paris : Magnard.

Philippaki-Warburton, Irene, 1994, « The Subjunctive mood and the syntactic status of the particle *na* in Modern Greek », *Folia Linguistica XXVIII/3–4*, 299–328.

Philippaki-Warburton, Irene & Veloudis, Ioannis, 1985, « The subjunctive in complement clauses », *Studies in Modern Greek Linguistics 5*, Proceedings of the 5th Annual Meeting of Greek Linguistics, May 1984, Thessaloniki : Kyriakidis.

Pienemann, Manfred, 1989, « Is language teachable? Psycholinguistic experiments and hypotheses », *Applied Linguistics* 10, 52–79.

Purpura, James E., 2004, *Assessing Grammar*. Cambridge : Cambridge University Press.

Riegel, Martin, Pellat, Jean-Christophe & Rioul, René, 1994, *Grammaire méthodique du français*. Paris : PUF.

Robert, Jean-Pierre & Robert, Malamas Maria, 2016. *Grammaire, Vocabulaire. Grec moderne. Comprendre – écrire – parler*. Paris : Éditions Ophrys.

Ronveaux, Christophe & Van Beveren, Julien, 2016, « La verbalisation pour enseigner et se former », *in* : *La Lettre de l'AIRDF*, 59, 5–10. URL: https://www.persee.fr/doc/airdf_1776-7784_2016_num_59_1_2084

Russo, J. Edward, Johnson Eric J. & Stephens, Debra L., 1989, « The validity of verbal protocols », *Memory and Cognition*, 17(6), 759–769.

Sandfeld, Kristian, 1965, *Syntaxe du français contemporain : l'infinitif*. Genève: Droz.

Swain, Merrill, 2006, « Verbal protocols: What does it mean for research to use speaking as a data collection tool? », *in:* Micheline Chalhoub-Deville, Carol A. Chapelle, & Patricia A. Duff (eds.), *Inference and Generalizability in Applied Linguistics: Multiple research perspectives*, Amsterdam: John Benjamins.

Tsangalidis, Anastasios, 1999, « What is the subjunctive? Verbal categories in Modern Greek dictionaries and grammars », *Studies in Modern Greek Linguistics 20*, 543–554, Thessaloniki: Kyriakidis.

Tsouctidi, Catherine, 2006. *Γραμματική της γαλλικής γλώσσας*, Athènes : Éditions ABC Tsouctidi.

Voïla, Vivian, Kordoni, Angeliki, Rizou, Aliki & Stamou, Frosinda, 2014, *Grammaire française en grec*. Athènes : Perugia. [Βοϊλα, Βίβιαν, Κορδώνη, Αγγελική, Ρίζου, Αλίκη & Στάμου, Φροσύντα, 2014, *Γαλλική γραμματική στα ελληνικά*. Αθήνα : Perugia].

Wagner Robert Léon; Pinchon Jacqueline, 1991. *Grammaire du français classique et moderne*, Paris : Hachette.

Chapitre 7.
Pronoms et dislocation : une grammaire qui s'entend

DANIEL LUZZATI

Introduction

Les énoncés du type *moi, je le lui dis*, sont souvent perçus comme plus ou moins fautifs à l'écrit. Mais leur construction ne révèle-t-elle pas au contraire une forte grammaticalisation de ce qui s'entend ?

Ainsi, un premier point sur la grammaire qui s'entend et celle qui ne s'entend pas mettra en évidence le fonctionnement des pronoms, avec deux phénomènes diversement sonores : l'alternance casuelle et l'opposition formes clitiques/toniques. Ce constat nous amènera ensuite à analyser le système français des pronoms clitiques/toniques d'une part, et le phénomène de la dislocation d'autre part. On rendra ainsi compte du fait que les formes de pronoms employés à l'oral reflètent en réalité une perception éventuellement inconsciente de concepts grammaticaux chez les locuteurs (*je, tu, il(s), on* sont des nominatifs, *i.e.* des formes exclusivement sujet), par une dissociation des sémantèmes et des morphèmes, et par l'émergence de noyaux verbaux qui rendent audibles les fonctions grammaticales à travers les formes clitiques des pronoms, notamment aux personnes 3 et 6.

3.1. La grammaire qui s'entend et celle qui ne s'entend pas

En français, la grammaire s'entend parfois, mais bien souvent elle demeure inaudible, et il faut recourir à des raisonnements et des transformations souvent complexes pour la faire émerger :

- dans *les enfants sont fatigants*, on voit trois pluriels, mais on n'en entend qu'un : /le+z/ ;
- à la lecture, on voit que *sont* est un verbe, mais on ne l'entend qu'au prix d'une transformation, par exemple à l'imparfait, qui laisse le pluriel muet : *les enfants <u>étaient</u> fatigants* ;
- pour entendre le /g/, nul besoin d'un *u*, qui signalerait pour l'œil que nous aurions affaire à un participe présent invariable et non à un adjectif verbal qui s'accorde en silence : *les enfants sont fati<u>gants</u> / les enfants fati<u>guant</u>*, on fait une pause.

En outre, du fait de la réduction syllabique dont il a fait l'objet par rapport au latin, le français est le champion toutes catégories des monosyllabes homophones, pour lesquels, par définition, les discriminations graphiques sont imperceptibles à l'oral. Ainsi, pour percevoir que /vɛr/ est adjectif, nom ou préposition, il faut les lire, c'est-à-dire les voir (*vert, vair, verre, ver, vers*), même s'il est vrai qu'on peut percevoir des différences de syntaxe et de tonicité entre *je suis <u>vers</u> Montmartre, je suis <u>vert</u> de peur* ou *je bois un <u>verre</u>*. Pour *vert*, on entendra s'il est féminin (*verte*), mais rien en ce qui concerne le pluriel, tout comme pour *verre* ou *ver*, qui pourra d'ailleurs se confondre visuellement avec la préposition (*vers*). Mais jamais on ne verra ni n'entendra si *vert* est attribut ou épithète, ou bien si *verre* est sujet ou complément.

De fait, la grammaire s'entend bien davantage dans les langues casuelles, comme l'allemand, le russe ou le latin, que dans les langues positionnelles, comme le français ou l'anglais, puisque la forme d'un mot est alors liée à sa fonction. Il serait toutefois faux de dire que le français n'est nullement casuel (*i.e.* que la fonction ne se marque jamais dans la morphologie), car les pronoms clitiques ont une morphologie casuelle, avec six cas, parfaitement audibles, en tout cas pour les personnes 3 et 6 :

- sujet : *il(s)* ou *on* sont toujours sujets (à la différence de *elle(s)*) ;
- COD : *le-la-les* sont COD, si ce n'est que *le* (et lui seul) peut également être attribut du sujet ;
- attribut du sujet : *le* est seul concerné, quel que soit le genre ou le nombre (*elles <u>le</u> sont*) ;
- datif (*i.e.* complément prépositionnel indiquant un animé impliqué par l'action) : c'est le cas, régulièrement, de *lui/leur* clitiques (*je <u>lui/leur</u> parle, il <u>lui/leur</u> est difficile, je vais la <u>lui/leur</u> faire*, etc.), mais il en va différemment lorsque *lui* est tonique ou *leur(s)* possessif ;

- complément par *de* : *en* représente un COI (*j'en parle*), un complément nominal (*j'en connais la difficulté*), un complément locatif (*j'en viens*), voire un passif résultatif (*la maison en est faite*) ; il peut même dans certains cas représenter un COD partitif (*du pain, j'en mange*) ;
- complément par *à* : *y* représente un COI (*j'y pense*) ou un complément locatif (*j'y vais*).

Comme on le voit, poser la question de la grammaire qui s'entend revient à poser le problème de la grammaire à l'envers (en français tout du moins, parce qu'en italien ou en espagnol, à peu près tout ce qui s'écrit s'entend, et inversement). Au lieu de partir de la graphie avec sa myriade de graphèmes muets qui peut apparaître comme une couche de gribouillis opaques, on aborde la question par l'angle de l'oral, en ne retenant que les phénomènes audibles, tout comme cela a pu être fait pour la morphologie verbale avec la représentation par bases plutôt que la représentation classique. On voit alors apparaître, comme ci-dessus, des phénomènes saillants auxquels on n'aurait pas attribué le même poids en partant de l'écrit, et on est amené à se poser des questions nouvelles : dans *je crois* ou *j'ai* (prononcés respectivement /ʃkrwa/ et /ʒɛ/), le /ʃ/ et le /ʒ/ sont-ils véritablement des pronoms ou ne doit-on pas les considérer comme des marques de flexion gauches du verbe ? Il est clair toutefois que, dès lors qu'on s'appuie sur la phonologie plutôt que sur la graphémie, on fait face à la diversité des prononciations et des usages, avec certains phonèmes comme les schwas[26] qui apparaissent ou qui disparaissent (*je suis* prononcé /ʃɥi/ ou /ʒəsɥi/, ou bien *pneu* prononcé /pnø/ ou /pənø/ par exemple).

3.2. Le système français des pronoms clitiques/ toniques

Les pronoms clitiques et toniques mais aussi les morphèmes *ça*/*cela* prennent une grande part dans la forte grammaticalisation de l'oral.

---

[26] On entend par « schwa » la voyelle, généralement notée /ə/ (parfois appelée « e » instable ou « e » central), qui a pour caractéristique de pouvoir être élidée, dans une partie de la francophonie tout du moins (dans *seulement* le « e » est un schwa parce qu'on peut prononcer *seul'ment*, et « eu » ne l'est pas parce qu'on ne peut pas prononcer **s'lement*).

On s'attachera donc ici à expliquer leur fonctionnement respectif afin de mettre en évidence la perception de leur rôle grammatical chez les locuteurs.

3.2.1. Les pronoms clitiques

Le fonctionnement casuel est un fait régulier pour les pronoms de personnes 3 et 6[27]. Il est également à l'œuvre, bien que dans une moindre mesure, pour les relatifs (de base[28] /k/, non de base /l/) et pour les pronoms de personne 1 ou 2 (de base /m/ ou de base /t/). Ainsi :

- pour les relatifs synthétiques (je laisse de côté les variations sur *lequel/auquel/duquel*), on a normalement un *qui* sujet, un *que* objet ou attribut, un *dont* pendant de *en*, un *où* locatif, et un *quoi* qui véhicule l'inanimé (les marques casuelles véhiculent également des critères sémantiques) ;

- du fait du « décumul » du relatif (*quelqu'un que je connais ses parents*), les formes en /k/ se rapprochent à l'oral spontané d'une opposition sujet/régime, ce qui constitue, en parallèle avec la fréquence d'autres formes en /k/ (interrogatifs et conjonctifs notamment), un système casuel affaibli par rapport aux pronoms de personnes 3 et 6 ;

- les formes de personnes 1 et 2 ont également un système casuel de type sujet/régime, avec une opposition *je/me* et *tu/te* (sauf à l'« impératif », avec postposition des clitiques : *dis-le moi* au lieu de *tu me le dis*).

On pourra certes observer qu'à l'oral spontané la consistance phonétique de ces clitiques se brouille, à l'image du /i/ qui peut représenter à la fois *il*, *lui* et *y* (*Pierre, /i/ vient, j'/i/ parle, j'/i/ pense*)[29]. Cela perdure cependant, du moins en filigrane, dans la mesure où *il* permutera toujours avec *elle* (éventuellement prononcé /ɛ/), et *lui* avec *leur*[30].

---

[27] Par souci de clarté, on parlera des personnes 1, 2, 3, 4, 5, 6 plutôt que des personnes 1, 2,3 du singulier et du pluriel.

[28] On entend par « base » la racine orale, en l'occurrence consonantique.

[29] Du fait également de l'effacement des schwas : *il faut que je te dise* se prononcera davantage /fogʒəd'iz/ ou /fokʃtədiz/ que /ilfokəʒətədiz/.

[30] Tout comme les possibilités d'assimilations ne peuvent guère jouer que sur les axes bien définis du point d'articulation (/td/ => /d'/ par exemple) ou de la sonorité (la sourde /k/ => la sonore /g/ ou la sonore /ʒ/ => la sourde /ʃ/ par exemple).

Pas de fonctionnement casuel en revanche pour ce qui concerne les bases /n/ ou /v/, pour lesquelles une seule forme (*nous* et *vous*) remplit l'ensemble des fonctions grammaticales. À ceci près, toutefois, que pour *nous* existe une tournure comme <u>nous</u>, <u>on</u> vient, dans laquelle la forme tonique *nous* est reprise par le clitique sujet *on*. Pour le français, on est, en somme, dans l'obligation de distinguer deux séries de pronoms, les pronoms toniques d'une part, et les pronoms clitiques de l'autre, distinction qui repose dans sa dénomination même sur une grammaire qui s'entend. Les uns sont systématiquement accentués et nécessairement disjoints du verbe, par dislocation (*moi, je...*) ou non (*il parle à moi*). Les autres sont toujours à la fois atones, antéposés et conjoints (*je le lui dis*).

3.2.2. Les pronoms toniques

D'un point de vue syntaxique plutôt que prosodique, les pronoms toniques sont de deux types, par construction et par détachement. Les premiers, qui existent à l'identique en espagnol ou en italien, consistent à postposer les compléments propositionnels sans utiliser de clitique : *je parle à toi*, où la forme tonique *toi* peut permuter avec la forme clitique *te* (*je te parle*). Dans *je parle avec toi*, en revanche, aucune transformation ne permet de faire émerger un clitique. Les toniques par détachement consistent à antéposer ou à postposer une forme tonique, alors qu'elle est reprise ou annoncée par un clitique (*à toi, je te parle / je te parle, à toi*), procédé qui fonctionne également pour les formes non prépositionnelles (*moi, je te parle / je te parle, moi*).

À l'oral, les pronoms toniques ont pour caractéristique d'avoir une consistance vocalique suffisante pour interdire l'amuïssement. *Lui* par exemple, qui peut être aussi bien tonique que clitique, peut se réduire à /i/ lorsqu'il est clitique, et pas seulement lorsqu'il est clitique sujet (*je lui parle – j'/i/ parle*), ce qui est impossible lorsqu'il est tonique (*je parle à lui – *je parle à /i/*). *Elle*, en revanche, ne peut se réduire à /ɛ/ qu'en position sujet, ce qui fait de cette forme orale amuïe un nominatif exclusif (/ɛ/ parle – *je parle à /ɛ/*). Les formes toniques de *il/elle* sont donc toniques pour des raisons au moins autant syntaxiques que prosodiques : /i/ n'est sujet que lorsqu'il peut se prononcer *il* (à la différence des autres occurrences possibles de /i/ : *j'/i/ vais* ou *j'/i/ parle* par exemple) ; *elle* prononcé /ɛ/ est toujours sujet, à la différence de ses emplois toniques, toujours prononcés /ɛl/ (*/ɛ/, je la rencontre souvent – *j'ai rendez-vous avec /ɛ/*).

3.2.3. Cas particuliers

Ça constitue une des formes pronominales les plus fréquentes du français. D'un point de vue sémantique, *ça* est davantage qu'un inanimé et pas vraiment un pronom, dans la mesure où il signale qu'il n'a pas d'antécédent GN, mais un référent contextuel (*cf.* l'opposition entre *ce cours, il m'intéresse* et *ce cours, ça m'intéresse*). *Ça* (mais aussi *là*) est souvent utilisé dans des structures clivées sans reprise pronominale (*pour ça, d'accord – là, je change de sujet*). À l'écrit, le statut de pronom tonique apparaît souvent par l'usage de la virgule. De façon générale, *là* est toujours tonique, par construction ou par détachement (*passer par là – là, j'y vais souvent*). *Ça*, en revanche, peut également être atone, s'il est suivi d'une consonne et qu'il se réduirait à *c'* devant voyelle (*ça m'intéresse – c'est intéressant*). On peut alors le considérer soit comme une version atone de *cela* (*cela m'intéresse – cela est intéressant*), soit comme sa version la plus courante, notamment à l'oral.

D'un point de vue morphologique, *ça* est une forme particulière qui, comme *lui* ou *elle*, peut être tantôt clitique, tantôt tonique (*ça, ça m'intéresse*). Il n'est véritablement clitique qu'en position sujet, si ce n'est que, lorsqu'il se rapporte à *être*, il se simplifie en général par le pur clitique *ce/c'* (*ça, c'est sûr*, dislocation de *c'est sûr*, la forme **ça est sûr* étant quasi inexistante, à la différence de *cela est sûr*). *Ça* tonique peut en revanche être repris, non seulement par un clitique sujet (*ça, ça m'intéresse – ça, c'est à voir*), mais également par un clitique COD (*ça, il le pense*) ou COI (*ça, il y pense – ça, il en parle*), tout comme il peut se postposer à l'impératif (*dis-moi ça – ça, dis-moi le – ça, dis-le moi*) mais aussi dans des énoncés assertifs (*ça m'intéresse ça*).

Du point de vue de la grammaire qui s'entend, *ça* et *ce/c'* font partie des pronoms de base /s/, ensemble qui comprend en outre les pronoms réfléchis de personne 3 (*se*), les « possessifs » de personne 3 et les « démonstratifs ». Ces derniers (*ceci* et *cela* davantage que *celle-là* ou *celui-ci* en l'occurrence) peuvent avoir, tout comme *ça*, un antécédent non GN. Pour *se*, la distinction avec *ce* apparaît notamment lors de la dislocation, par l'émergence d'un *ça* tonique : *il s'est lavé / c'est sûr => lui, il s'est lavé / ça, c'est sûr*.

Certaines prépositions peuvent devenir toniques et fonctionner comme des pronoms : *être pour ou contre*. Cela suppose qu'on sache préalablement de quoi il s'agit et, dans l'usage, cela apparaît surtout avec la dislocation : *ma voiture, je fais sans/avec – sa voiture, elle est devant/*

derrière – pour le dîner, je viendrai avant/après. Cet emploi des prépositions, dites « anaphoriques » ou « orphelines », est d'abord un emploi tonique (à la différence d'un emploi atone lorsque la préposition est suivie d'un GN), avec parfois des variations morphologiques, notamment les couples *sous/dessous – sur/dessus – dans/dedans : il est dans la voiture – la voiture, il est dedans*[31].

On pourrait enfin consacrer un article entier à la répartition des toniques / clitiques dans l'interrogation. C'est déjà complexe dans *(toi) viens-tu ?* ou *(toi) est-ce que (toi) tu viens ?* Ça l'est encore davantage dans *c'est qui qui vient ?* à la place de *qui est-ce qui vient ?*, ou bien dans *je voudrais savoir qui c'est qui vient* à la place de *je voudrais savoir (qui est-ce) qui vient*, où on peut observer des emplois toniques de *qui* comme de *c'est*.

3.3. La dislocation

La dislocation constitue un autre fait de langue révélateur de la perception grammaticale des locuteurs. C'est pourquoi on étudiera d'abord les deux procédés qu'il recouvre pour, ensuite, traiter l'importance du phénomène de la dislocation à l'oral.

3.3.1. Détachement et extraction

Comme on le voit, on ne peut pas dissocier dislocation et fonctionnement casuel des pronoms, tout comme on doit traiter à la fois des pronoms clitiques et des pronoms toniques. Les uns et les autres font partie d'une grammaire qui s'entend, même s'ils ne se manifestent pas de la même manière (tonicité *vs* casualité). Et surtout, ils vont de pair : la dislocation par détachement ajoute de la casualité autour du verbe : *Pierre, je peux lui parler / à Pierre, parle-lui*, voire *toi, à Pierre, tu peux lui parler*, etc.

Jusqu'ici, on s'est limité à évoquer la dislocation par détachement *(moi, je viens)*, laissant de côté la dislocation par extraction *(c'est moi qui viens)*. Or celle-ci véhicule également une marque casuelle audible, même s'il s'agit d'une casualité plus faible. Celle-ci oppose essentiellement une

---

[31] Même s'il existe des emplois « stylistiques » intéressants des prépositions en question *Il y avait dessous la porte une épaisse barre d'argent* (Giono, *Regain*, 1930, cité par le TLF).

forme sujet (*c'est moi qui viens*) et une forme régime (directe : *c'est moi que tu attends* / indirecte : *c'est à moi que tu parles*). On perçoit toujours la relation sous-jacente entre ces formes en /k/ et les relatifs dont ils sont cousins et qui sont également dotés d'une morphologie casuelle. Mais les morphèmes *qui/que* dans les extractions ne seraient des relatifs qu'à condition de privilégier *c'est moi à qui tu parles* ou *c'est une clé à molette avec laquelle le plombier répare le robinet* par rapport à *c'est à moi que tu parles* ou bien *c'est avec une clé à molette que le plombier répare le robinet*[32].

Or ces constructions avec extraction tiennent le haut du pavé, à l'oral spontané tout du moins, à tel point qu'on hésite à mettre un astérisque devant *c'est moi à qui tu parles…* Et ce n'est pas une tournure moins grammaticalisée. Au contraire même : elle fait davantage entendre sa grammaticalisation. *C'est* n'est d'ailleurs pas plus un verbe que *qui/que* ne sont des relatifs car, s'il peut varier en temps (*c'était moi à qui tu parlais*), il ne varie pas en personne[33]. Même le pluriel est, sinon impossible, du moins discutable : **ce sont nous qui venons / c'est nous qui venons, (*) ce sont eux qui viennent / c'est eux qui viennent.*

3.3.2. Importance de la dislocation

Les constructions clivées, avec détachement et sujet clitique notamment (*moi, je – toi, tu – lui/elle, lui – nous, on – vous, vous – eux/elles, leur*), sont tellement fréquentes en français qu'elles constituent parfois la construction de référence, pour certains types de discours. Autrement dit, alors qu'à l'écrit *Pierre vient* ou *je viens* sont les constructions de référence, ce sont plutôt *Pierre, il vient* ou *moi, je viens* pour l'oral spontané. Finalement, ce qui est étonnant, c'est surtout leur faible place dans les grammaires (hormis dans Damourette & Pichon peut-être), si ce n'est comme un test syntaxique parmi d'autres. Ainsi, dans la *Grammaire méthodique du français* (Riegel, Pellat & Rioul, 2018), 215 pages sont directement consacrées à la phrase, et 12 pages seulement sont explicitement consacrées à « L'emphase : dislocation et extraction ». Le phénomène y apparaît ainsi non seulement comme secondaire, mais

---

[32] À noter également que ces formes en /k/ ne font pas toujours transiter l'accord : on entend aussi souvent *c'est moi qui a* que *c'est moi qui ai*.
[33] La même remarque pourrait se faire pour les verbes unipersonnels, comme *falloir* notamment.

également comme une simple variation, liée à une intention, l'emphase, pour le moins sujette à caution.

Le même type de structures clivées se rencontre en espagnol ou en italien, que ce soit par antéposition ou par postposition, mais il y est très rare, notamment pour le sujet, à l'inverse du français. En outre, le sujet pronominal y est rarement mentionné, du fait qu'il est déjà marqué par une flexion qui s'entend. Qui plus est, le sujet grammatical étant marqué par une flexion audible, le pronom sujet est généralement absent : *(je)viens/(tu)viens/(il)vient*, c'est trois fois /vjɛ̃/ en français, alors que *vengo/vieni/viene* ou *vengo/vienes/viene* font entendre la grammaire à eux seuls. En français oral, l'importance de la dislocation est telle qu'on peut observer que l'émergence des pronoms toniques va de pair avec l'amuïssement des formes clitiques : *moi, je suis* suivrait le développement de /ʃɥi/ à la place de /ʒəsɥi/ du fait de l'effacement du schwa et d'une superposition d'assimilations qui rendent la personne difficilement audible avec la plupart des verbes. En somme, la dislocation permet de réintroduire une grammaticalisation orale de la personne verbale comme du sujet.

La fréquence de la dislocation est particulièrement importante à l'oral, même si on la rencontre souvent à l'écrit. C'est ce qu'illustrent les deux transcriptions ci-dessous, que l'on peut écouter en ligne. La première (*Une balle dans la tempe*) date de 1980 ; la seconde (*Le rire franc*), de 2016. La première est produite sur un plateau de télévision par un jeune homme qui parle fort bien, mais qui adopte, notamment dans l'intonation, le langage « des cités ». La seconde est produite par des célébrités dont les aptitudes langagières sont incontestables. Dans un cas comme dans l'autre, la dislocation est permanente, dès lors qu'on y prête attention. On l'a fait ressortir en segmentant le discours et en indiquant en italique l'élément détaché et en soulignant le clitique qui le suit ou le précède.

D'aucuns considéreront sans doute que le premier extrait illustre un cas de registre « familier » d'il y a 35 ans, non le second, (l'exemple date de 2016). Dans le premier, il y est question de la mort d'un homme, avec beaucoup d'émotion ; dans le second, le sujet est futile. Notre propos n'est pas d'analyser chaque occurrence de dislocation et d'en faire une classification, mais simplement d'illustrer sa fréquence, de souligner qu'elle est déjà ancienne et de poser la question de la norme d'usage et de son évolution. Il s'agit en somme de s'interroger sur ce qui s'entend.

Conclusion

Dans *moi, je le lui dis*, les trois pronoms clitiques inscrivent leur fonction dans leur morphologie orale, et le *moi* tonique introduit par rapport à *je* une dissociation entre le thème et sa fonction grammaticale, en même temps qu'il fait entendre à coup sûr la personne verbale. Ces phénomènes vont souvent de pair, avec une forme canonique des énoncés oraux spontanés qui privilégie la dislocation (détachement ou extraction). Et ces phénomènes conjugués induisent une forte grammaticalisation qui s'entend.

Pour l'écrit, il en va peut-être différemment, mais la dislocation a depuis longtemps reçu ses lettres de noblesse, en commençant par Céline ou Le Petit Nicolas (*L'amour c'est l'infini à la portée des caniches* ; *Moi j'ai dit à maman que j'aimerais mieux aller avec les copains au cinéma voir un film de cow-boys, mais maman elle m'a fait des yeux comme quand elle n'a pas envie de rigoler*). Pour l'oral, c'est d'autant plus fréquent qu'il est « spontané », concept flou qui recoupe des ensembles de discours très divers. S'il n'y a pas lieu, comme le soulignait Claire Blanche-Benveniste, de bâtir une grammaire différente pour l'oral et pour l'écrit, deux versants d'une même langue, peut-être y a-t-il une place pour une grammaire de ce qui s'entend. C'est un peu différent, et cela reste valable tout autant pour l'écrit, dès lors qu'il est « lu », que pour l'oral, « spontané » ou pas, tout comme c'est une perspective pertinente pour quelque langue que ce soit.

Et finalement, qu'est-ce que la grammaire, sinon celle qui s'entend. À la différence de la grammaire seulement visible, c'est la seule qui s'applique à l'oral comme à l'écrit, et c'est sans doute également la seule enseignable. Pourquoi ? Précisément, parce qu'elle s'entend, qu'elle ne nécessite pas une maîtrise préalable de l'écrit. Dans /ʒedi-tydi-ildi/ le clitique sujet est porteur de la personne verbale bien davantage que la graphie de *dire*, finalement arbitraire. Et *je-tu-il* sont des « nominatifs » exclusifs, et non des enclitiques qui véhiculent une marque verbale à gauche du verbe (alors qu'elle est usuellement à droite). Pourquoi ? Parce qu'ils permettent l'insertion d'autres clitiques, eux aussi aux vertus profondément audibles et casuelles : *je-tu-il le lui dis-t...* Et ces clitiques sont d'autant plus fréquents que le français recourt à la dislocation pour faire entendre par exemple les clitiques qui s'amuïssent : *moi, j'te dis* ou *à toi, je t'dis*, couramment prononcés /mwaʃtədi/ ou /atwaʒəd'i/.

La dislocation peut apparaître parfois comme une construction secondaire, une forme de surface, dérivée d'une forme profonde non clivée, un test supplémentaire dans la boîte à outils des grammairiens. À l'inverse, elle apparaît ici, à l'opposé d'un quelconque déni de grammaire, comme une construction fortement grammaticalisante, dans la mesure où elle contribue à rendre la morphosyntaxe audible. L'oral invente en somme des moyens pour faire entendre la grammaire et pour pallier sa disparition lorsque la phonologie l'estompe.

Bibliographie

Blanche-Benveniste, Claire & Van den Eynde, Karel, 1978, « Distribution, ordre fixe de succession des clitiques ». *Cahiers de lexico*, 32.

Blanche-Benveniste, Claire, Deulofeu, José, Stefanini, Jean & Van den Eynde, Karel, 1984, *Pronom et syntaxe, l'approche pronominale et son application au français*. Éditeur SELAF.

Creissels, Denis, 1995, *Eléments de syntaxe générale*. Paris : PUF.

Delaveau, Annie, 2001, *Syntaxe. La phrase et la subordination*. Paris : Armand Colin.

Kalmbach, Jean-Michel, 2014, « Le système composite du pronom de 3e personne en français ». *Langue française*, 181, 97–117.

Lambrecht, Knud, 1998, « Sur la relation formelle et fonctionnelle entre topiques et vocatifs ». *Langues*,1, 34–45.

Lambrecht, Knud, 2001a, « Dislocation ». Dans Martin Haspelmath et al. (Ed.), *Language Typology and Language Universals*. Berlin : De Gruyter.

Lambrecht, Knud, 2001b, "A framework for the analysis of cleft-constructions". *Linguistics*, 39, 463–516.

Luzzati, Daniel, 2019, « Oral et grammaire ». *L'information grammaticale*, 161, 41–43.

Luzzati, Daniel, 2010, *Le français et son orthographe*. Paris : Didier.

Marchello-Nizia, Christiane, 2006, *Grammaticalisation et changement linguistique*. Bruxelles : De Boeck Duculot.

Pinchon, Jacqueline & Couté, Bernard, 1980, *Le système verbal du français : descriptions et applications pédagogique*. Paris : Nathan.

Prévost, Sophie, 2003, « Détachement et topicalisation : des niveaux d'analyse différents ». *Cahiers de praxématique*, 40, 97–126.

Riegel, Martin, Pellat, Jean-Christophe & Rioul, René, 2018, *Grammaire méthodique du français*. Paris : PUF.

Ronat, Mitsou, 1979, « Pronoms topiques et pronoms distinctifs ». *Langue française*, 44, 106–127.

Sitri Frédérique, 2003, *L'objet du débat, la construction des objets du discours dans des situations argumentatives orales*. Paris : Presses de la Sorbonne nouvelle.

Transcriptions

Une balle dans la tempe (1980)
https://www.youtube.com/watch?v=t1GQrZAcFjo (00 : 00 – 03 : 07)

Journaliste :

(vous avez) un ami qui a été tué à à Vitry
il s'appelait Kader et il a été tué par le gardien d'un immeuble

Témoin :

il est mort devant moi

Journaliste :

comment ça s'est passé exactement

Témoin :

ben on était dans un escalier exactement comme tous les soirs
de toutes façons on est toujours dans les escaliers on a pas de salle on a rien
bon dans les escaliers vers huit heures on discutait
on était à peu près huit dedans une dizaine on discutait
et pi <u>ya</u> toujours *un vieux*[34] <u>qui</u> descend avec sa barre de fer
et *sa femme* <u>elle</u> descend avec un couteau
bon c'est très bien il s'appelle XX c'est un copain à nous il est toujours bourré il
bon on le comprend

---

[34] Les mots en italique sont du fait de l'auteur.

quand il descend il gueule et tout il fait peur aux jeunes et tout
on s'en fout alors on change d'escalier
alors ya alors on commence à le chambrer tu vois
on est dans l'escalier d'à côté ils ont une chambre
lui il gueule après il veut se prendre il s'en prend à la bécane de notre copain tu vois
comme ça il rigole tu vois il rigole tu vois toujours
jusqu'à *là* c'est un jeu toujours on rigole
après *sa femme la femme du vieux* elle va appeler le gardien elle va le voir le gardien pour qu'il appelle les flics
alors *le gardien lui* il a pas appelé les flics
le gardien je l'avais appelé comme ça comme c'est un copain
le gardien qui qu'a tué Kader j'l'avais appelé il a pas voulu me voir déjà il était bizarre
c'est ptêt parce qu'il avait vu le justi le justicier c'est pour ça
ça lui a tourné la tête *ça*

Journaliste :

c'est ptêt pasqu'il a eu peur aussi non

Témoin :

non c'est pas
pourquoi pourquoi il aurait peur qu'on lui dise bonjour
c'est un copain à nous *le gardien*
chais pas c'est *la télé antenne 2* qui lui a monté à la tête dans les dossiers de l'écran c'est tout hein
alors bon alors on était dans l'escalier et tout alors comme ça sa
alors comme ça sa *sa femme* elle a été appeler le gardien
bon *le gardien* il est descendu et tout
pi y avait sa femme *sa femme* elle était dans l'escalier elle a ramené une carabine
alors là pendant ce temps-là *nous* on était dans l'autre escalier
l'autre le vieux il est monté chez lui après il s'en foutait il est monté
le gardien alors il il a pris et là i m'regardait

pi c'est *sa femme* elle lui donne une carabine elle lui dit tire
alors *lui* il a mis comme ça
moi je le regarde
il me braque de loin
il était à peu près à 25 m un truc comme ça
t'façon c'est presque à bout portant pasqu'il avait une lunette en plus sur son 22 sur son 22 automatique
alors je le regardais *moi*
pi même ya des témoins ya plein de gens
pasque là c'qu'ils ont dit à la presse *tout ça* c'est du baratin comme hein tf1
tous les journaux tous même jusqu'à sans frontière de libération à sans frontière avec l'humanité *tous les journaux tous* ils nous ont descendus ils ont dit qu'on a agressé
ça c'est du baratin *ça* que je veux dire
alors bon i m'a braqué
moi j'le regardais j'étais dans l'escalier juste à à l'entrée de l'escalier je l'regardais
lui i m'braquait bien avec euh son fusil
moi j'croyais pas qu'il allait tirer en plus j'croyais qu'c'était une à plombs
je me dis bon i veut ptêt faire ça pour intimider chais pas
ptêt euh il était un peu énervé
ça ça s'comprend
ya toujours *des gens* qui sont énervés
ça on le sait
bon d'abord plusieurs fois avec les locataires bon il s'est énervé bon on comprend
de toutes façons ya des fois *nous* aussi on s'énerve
mais c'est rien *ça* ça vaut pas pour pour tuer un mec hein jamais hein
ben *moi* j'vais pas aller tuer un mec
mais même *des locataires* i vont pas aller tuer
bon alors alors *lui* il a braqué
moi j'regardais et pi et pi je dis au mec qui était
bon yavait *des copains à moi* ils étaient dans dans le hall

moi je me suis poussé
pi yavait *un copain là Rachid* i voulait tirer sur Rachid mais ya juste *Kader* qui est sorti il a sorti sa tête et il s'est pris la balle dans la tempe gauche
Le rire franc (2016)
https://www.youtube.com/watch?v=JUSV_LfMvE4 (09 :18 – 09 : 56)

Léa Salamé :

j'aime le vrai rire bien franc qui fait mal au ventre j'aime pas le petit rire de connivence euh malin à la Nanni Moretti vous avez dit j'aime quand ça vomit un peu

Valérie Lemercier :

ben je trouve que *le rire* c'est quelque chose qu'on contrôle pas et que *moi* souvent on me dit ah y a de l'humour intelligent de l'humour pas intelligent
j'aime

Léa Salamé :

ça ça vous énerve quand on vous dit *Valérie Lemercier* c'est de l'humour intelligent
ça ça vous

Valérie Lemercier :

ça n'existe pas de de rire sans rire ou de heuh heuh ben voilà ou de juste sourire
moi si on me dit ah c'est bien on a pas ri mais on a souri euh non

POSTFACE

1. À propos du mot *postface* et d'une citation de Voltaire
Henri Besse

Les éditions du *Petit Robert* et du *Lexis* d'avant 2000 et le *Trésor de la langue française* (1994) datent *postface* de 1736, à la suite, entre autres, d'Émile Littré dans la première édition de son dictionnaire (1873-1877) :

> POSTFACE [...] Avertissement placé à la fin d'un livre. Êtes-vous content de la dédicace du temple d'Alzire à la déesse de Cirey, et de la postface à M. Thiriot, et du petit grain d'avertissement ? VOLT. *Lett. Thiriot*, 16 mars 1736.
> – ETYM. Mot formé avec *post* sur le modèle de *préface* (voy. ce mot).

Que peut comprendre un ou une francophone, plus accoutumé(e) au *Petit Larousse illustré* qu'au Littré, quand il y consulte cet article ? Sans doute sa définition (et son ETYM.), mais qu'en est-il de la question (en caractères romains et sans guillemets) qui suit la définition ? Il (elle) lui faut parvenir à déchiffrer sa référence bibliographique (« VOLT. *Lett. Thiriot* ») pour l'identifier comme une citation de Voltaire. Une partie de ses mots et locutions risquent, néanmoins, de ne pas être compris, ou d'être mécompris, en raison de leur emploi figuré (*dédicace, temple, déesse, du petit grain*), ou bien encore de l'incertitude de savoir à qui ou à quoi renvoient ceux débutant par une majuscule (*Alzire, Cirey, M. Thiriot*). Même si la référence permet d'éviter certaines mécompréhensions : ce « M. » n'y est pas l'initiale d'un prénom (tel Marcel ou Maurice) mais l'abréviation typographique de *Monsieur*.

Notre francophone, scolarisé(e) mais pour qui Voltaire n'est que le nom d'un illustre écrivain, ne comprend de cet article du Littré guère plus qu'un(e) non-francophone qui utiliserait, pour le lire, un logiciel de traduction mot-à-mot dans sa langue première (sa L1). Et pour qui est en train d'apprendre le français en tant que langue étrangère ou seconde, tout ou presque dépendra de son niveau dans ce qui est pour lui(elle) une L2.

Afin de comprendre précisément cet article du Littré, ni la connaissance ordinaire du français ni le recours à une traduction dans sa propre L1 ne suffisent. Il faut aussi être à même de re-situer des éléments de *ce qui allait de soi* tant pour É. Littré et ses lecteurs potentiels que pour Voltaire et son destinataire épistolaire. Autrement dit, quelque chose des *implicites circonstantiels* dans lesquels Voltaire a écrit sa lettre datée du 16 mars 1736 et ceux dans lesquels Littré a élaboré dans les années 1860 son dictionnaire. Tenons-nous en à l'implicite circonstanciel de la lettre de Voltaire.

Pour qui consulte, entre autres Wikipédia, sans être spécialiste de cet écrivain, le « M. Thiriot » de la citation du Littré est Nicolas-Claude Thiriot, ou Thiériot, un camarade d'étude de Voltaire à qui il avait laissé en 1733 le profit de la publication de ses *Lettres philosophiques* en anglais. Quant à l'allusive « dédicace du temple d'Alzire à la déesse de Cirey », elle renvoie à une tragédie quelque peu oubliée de Voltaire, *Alzire ou les Américains* jouée à la Comédie française en janvier 1736, tragédie qu'il « dédicaça » peut-être à sa maîtresse Émilie du Châtelet : ne l'avait-elle pas accueilli en son château de Cirey après la publication en 1734 de ces mêmes *Lettres philosophiques* en français, publication qui risquait de lui valoir la Bastille ? Ce qui allait de soi pour Voltaire écrivant à Thiriot en mars 1736 permet de restituer à la citation de Littré à propos de *postface* un peu de la connivence gentiment moqueuse dont Voltaire épice sa lettre et un peu de l'alacrité de son « petit grain d'avertissement ».

Ce préambule à ma postface déconcertera peut-être : quel peut être son lien avec un ouvrage intitulé *Discours & représentations grammaticales du Français Langue Étrangère* ? Désormais *D&RGFLE*. C'est que la démarche que je viens d'esquisser est mienne depuis mes premiers écrits dans ce qu'on ne dénommait pas encore, il y a plus d'un demi-siècle, la didactique du FLE. J'y usais d'une terminologie (opposant *sens* à *signification*) qui n'a guère été suivie, mais qui reste à même de baliser des distinctions sans lesquelles on ne peut, me semble-t-il, raisonner utilement de cette didactique (voir Besse 2022).

Le *sens* est celui colligé dans les acceptions des dictionnaires monolingues ou les traductions des bilingues, mais aussi celui, plus abstrait, que les grammairiens prennent en compte dans leurs catégorisations et dans l'élaboration de leurs règles. La *signification* est ce qui est signifié ou énoncé, *hic et nunc*, à un interlocuteur qu'on présume à même de la saisir mais qui ne la saisit pas toujours, ce qui va de soi pour l'un ne l'allant pas pour l'autre. Le sens est tributaire de certains *cotextes* ; la signification n'est effective que dans un *contexte* particulier, trop souvent qualifié de « non linguistique ». En termes postsaussuriens, le sens relève de « la langue » et la signification de « la parole » ; le sens relève de l'antique science de la grammaire et de la plus récente science du lexique, alors que la signification relève, entre autres savoirs, de la *stylistique* telle que Charles Bally l'entendait alors qu'il suivait les deux derniers cours (1908–1909 ; 1910–1911) de Ferdinand de Saussure : une stylistique plus lexicale que grammaticale du français ordinaire liée à ce qu'étaient alors ses propres activités didactiques[35].

2. À propos des « grammaires de référence » vs. les grammaires « contextualisées »

Sur les sept articles du *D&RGFLE*, cinq s'inscrivent, plus explicitement que les deux autres, dans le programme de recherche *Grammaire et contextualisation (GRAC) dans l'enseignement du français langue étrangère ou seconde,* que J.-C. Beacco a initié en janvier 2011[36]. Le syntagme *grammaire(s) de référence* ne s'y trouve pas mais la notion qu'il véhicule, dans ce *D&RGFLE,* est bien déjà là.

En exergue est cité un passage de *Grammaires et didactique des langues* (1984) où je[37] résumais un article de Cao Deming paru en 1983[38]. Une manière d'introduire le « projet de recherche » du GRAC : « mener à bien des études systématiques des formes de contextualisation de la grammaire française dans des "ouvrages de grammaire française" produits "hors de France" et qui peuvent être adaptés aux utilisateurs concernés », à savoir

---

[35] Voir son *Précis de stylistique française* (1905), son *Traité de stylistique française* (1909) et *La stylistique et l'enseignement secondaire* (1911).

[36] N'ayant pu accéder à ce programme à l'adresse indiquée dans la bibliographie de la présentation du présent ouvrage (http://www.univ-paris3.fr/grac-grammaires-et-contextualisation--155234.kjsp), j'en utilise un tirage papier, daté du 21 janvier 2011 et non paginé, qu'on m'avait alors fait parvenir.

[37] J'en ai rédigé les deux premières parties (9–178), Rémy Porquier la troisième (17--264).

[38] Cet article, intitulé « Les spécificatifs en français. Franc-parler ou comment les Français parlent », est paru dans une revue du CRÉDIF dont Gisèle Kahn était responsable du contenu éditorial : *REFLET*, n° 5 juin-juillet 1983. Si je l'avais résumé en 1984, c'est que lors d'une cinquantaine d'heures d'apprentissage purement oral du chinois « mandarin » par la méthode *Silent way*, j'y avais cherché en vain les « articles » à l'instar de Cao Deming cherchant les « spécificatifs en français ».

des enseignants et des apprenants du français L2. Sont toutefois exclus de ce corpus les passages grammaticaux « inclus à/dans une méthode [un manuel] de langue ou dans du matériel d'enseignement », ces passages étant « en principe incompatibles ou peu compatibles au regard des théories linguistiques de référence », ainsi que les « "grammaires d'auteur" » parce que celles-ci « développent une description du français à partir de points de vue [trop] affirmés et exclusifs ».

Par *contexte*, on y entend « avant tout la culture métalinguistique des utilisateurs/apprenants » à qui sont destinés ces ouvrages, d'où peut-être le choix de l'article de Cao Deming cité en exergue. Et par *contextualisation*, « des variations (ou écarts) » soit par rapport aux « savoirs savants (ceux de sciences du langage et de la linguistique française/du français) », soit par rapport à la « description ordinaire [...] moyenne légitimée par les traditions de l'enseignement en France et dans les pays francophones », soit « la doxa courante de francophones (natifs ou ayant été scolarisés en France) ». Bref, on ne retient que des grammaires du français L2 « "prenant le risque" de variations par rapport à la norme métalinguistique (au sens de description de référence moyenne du français des grammaires françaises/pour francophones) », le projet GRAC revenant à « identifier les contextualisations par écart à [cette] norme métalinguistique ».

Son objet ainsi précisé, le GRAC donnait, en 2011, trois « fondements théoriques » à la recherche de ces « phénomènes de contextualisation ». Le premier est relatif (je souligne) « *fondamentalement* au rôle de la langue 1 dans l'appropriation d'une langue inconnue », rôle qui passe, l'article de Cao Deming en est un bon exemple, « par la catégorisation des formes de la langue cible par les catégories de langue 1 », re-catégorisation posée « comme *cruciale* dans l'appropriation de la L2 ». Notons que ces cotextes d'emploi de *catégorisation* et de *catégorie* ne permettent pas de décider si ces « catégories de langue » sont inhérentes à telle L1 ou telle L2, ou bien si elles relèvent des concepts, hérités ou fabriqués, par les grammairiens afin de « décrire » l'une ou l'autre. Le second est relatif « au rôle de la réflexivité des langues non connues comme facteur [de leurs] apprentissages », telles ces « verbalisations des intuitions épilinguistiques (non conscientes) des apprenants » que Besse (1974) a proposées, « en plein contexte SGAV[39] », dans ses « exercices de conceptualisation » (pour un point de vue rétrospectif : Besse 2018), lesquels « consistent à

---

[39] Il s'agit de la méthode Structuro-Globale Audio-Visuelle initiée principalement par Paul Rivenc et Petar Guberina.

amener les apprenants à catégoriser et à décrire un trait grammatical par eux-mêmes, à partir de leurs productions et en employant leurs "propres mots" », verbalisations « susceptibles d'activer [leur] appropriation » de la L2, qu'elles soient conformes *ou non* aux « formulations attendues et déjà arrêtées de la grammaire officielle/de référence ». Le troisième est relatif « à l'expertise professionnelle des enseignants » d'une L2, à leur (je souligne) « *perception "contrastive"* » ou à leur « *expérience contrastive* », soit parce que non natifs de cette L2, ils l'ont apprise en tant que telle, soit parce que, natifs de celle-ci, ils l'enseignent à des non natifs.

Trois « fondements théoriques » dont on conviendra qu'ils relèvent moins de « la linguistique française/du français » que de la didactique du français L2 telle qu'elle a été développée ce dernier demi-siècle par certains didacticien(ne)s de cette langue, ceux (celles) qui cherchaient à sortir des impasses de la linguistique « appliquée » à l'enseignement / apprentissage des L2, en particulier la « linguistique contrastive » de R. Lado (1957) que F. Debyser (1970) avait « importée » en France.

Du syntagme *grammaire(s) de référence*, absent donc du programme du GRAC 2011, on trouve en 2022, dans *D&RGFLE*, quinze occurrences (douze au pluriel, trois au singulier), dont dix dans les seuls articles 3 (celui de Beacco) et 5 (celui de Karima Gaci). Quel(s) sens y prête-t-on, dans leurs cotextes, à ces dix occurrences ?

L'article 3 cite deux « grammaires françaises/pour francophones » en tant que « grammaires de référence » : *La grammaire d'aujourd'hui* d'Arrivé, Gadet & Galmiche (1986) et la *Grammaire méthodique du français* de Riegel, Pellat & Rioul (2014) ; et comme grammaire « contextualisée », la plus récente *Grammaire actuelle et contextualisée du français* de Kalmbach & Beacco[40]. Une caractéristique, absente du projet de 2011, y est prêtée à ces deux « grammaires de référence ». Formulée à deux reprises avec des guillemets (« "tout ce qu'il faut savoir sur la langue" » ; « "la totalité de la langue" »), elle l'est sans dans la troisième (« la description intégrale de la langue »). Beacco ne peut ignorer que, au moins pour certains linguistes, les langues vivantes les mieux décrites et depuis le plus longtemps ne l'ont été que (très) partiellement. Une caractéristique qui est, me semble-t-il, par trop *ad hoc* (« à cela ; pour cela ») au projet GRAC. Déceler et mesurer un « écart », en grammaire comme en stylistique, implique nécessairement de disposer d'un archétype, d'une sorte d'étalon idéal

---

[40] Consultable à : http://www.francparler-oif.org/grac-a1a2/

qui fait abstraction de la complexité et de la diversité du réel vécu ou observable. Dans la dizaine de « grammaires de référence » citées dans *D&RGFLE*, quelle est celle où est effectivement décrite, au moins au sens ordinaire de ces deux mots, « la totalité » ou « l'intégralité » du français ? N'est-ce pas plutôt « tout ce qu'il faut savoir » quand on se destine à enseigner professionnellement le français ?

Ce que dit, dans l'article 7, D. Luzatti de la grammaire de Riegel, Pellat & Rioul (édition 2018) me semble applicable, *mutatis mutandis*, à l'ensemble des « grammaires de référence » citées dans *D&RGFLE*. Luzatti n'y use pas de ce syntagme pour traiter, à propos du français, des « difficultés de la grammaire de l'oral », joliment dite « une grammaire qui s'entend ». Incidemment, il note que cette grammaire « de référence » consacre « 215 pages [...] à la phrase et 12 seulement [...] à "L'emphase : dislocation et extraction" », par quoi on entend deux tournures syntaxiques caractéristiques de l'oralité ordinaire du français. Elles y sont, écrit Luzatti, comme un « phénomène secondaire, comme une simple variation liée à une intention, l'emphase, pour le moins sujette à caution ».

L'article 5 (de K. Gaci) cite quatre « grammaires de référence » du français et deux « contextualisées » en anglais pour des anglophones : la *French Grammar in Context* de Jubb & Rouxeville (2014) et *French Grammar and Usage* de Hawkins & Towell (2015). Dans les six occurrences de *grammaire(s) de référence* de cet article, quatre ne renvoient pas à ces « grammaires de référence » mais aux deux grammaires « contextualisées ». Plus précisément, à la façon dont Gaci use de ces deux grammaires « contextualisées » dans son propre enseignement, outre-Manche, du français L2. Elle utilise celle de Jubb & Rouxeville « en classe » mais recommande à ses étudiant(e)s celle de Hawkins & Towell « en dehors du cours pour compléter leur travail ». Un choix justifié un peu trop elliptiquement[41] : celle-ci « se présente davantage comme une grammaire de référence dans la L1 des apprenants ».

Un de ses cotextes d'emploi est relatif à « d'éventuels écarts entre les descriptions grammaticales des grammaires de référence du français et celles des grammaires du français pour anglophones », « écarts » qui sont dits, selon un autre cotexte, se situer « au niveau de l'étiquetage

---

[41] Ce choix est peut-être lié à ce qu'on y entend par *Usage*, mot dont les acceptions en anglais diffèrent de celles de son homographe français *usage*.

POSTFACE

terminologique », le fait sans doute que dans celles-là ils sont en français et dans celles-ci en anglais. Un « étiquetage » qui peut ne pas changer les catégories métalinguistiques utilisées mais qui peut aussi parfois les modifier, Gaci en est consciente (je souligne) : « il n'y a que très peu d'écart au plan terminologique *et définitoire* entre les grammaires de référence du français et les ouvrages de grammaire conçus pour un public anglophone ».

L'article 4 – focalisé sur la seule *Modern French Grammar* de M. Lang & I. Pérez, première édition en 1996 – ne dément pas l'article 5 de Gaci. Il s'agit bien d'une grammaire « contextualisée » selon le GRAC : ses « auteures, écrit Leyre Ruiz de Zarobe, veillent à traiter des structures qui posent généralement problème aux apprenants anglophones ». Elle n'en dit pas moins, tout comme Gaci à propos de la *French Grammar and Usage* de Hawkins & Towell, que la *Modern French Grammar* (je souligne) « se présente comme *une grammaire de référence du français* qui combine la grammaire traditionnelle et la grammaire fonctionnelle ».

Ces deux articles (le 4 et le 5) troublent singulièrement l'opposition terminologique au fondement du GRAC 2011, celles entre grammaires « de référence » *vs.* grammaires « contextualisées ». D'où mon soupçon que dans cette opposition, il y a quelque « petit grain »[42] *ad hoc* dans ce projet de recherche. Après tout, les « grammaires de référence » ne sont-elles pas, elles aussi, « contextualisées » ? Le contexte d'élaboration d'une de ces grammaires n'est pas sans effet quant aux catégories métalinguistiques qu'elle fait siennes, mais aussi quant à ses exemples, qu'ils soient repris tels quels dans des grammaires déjà publiées ou qu'on ait cherché à s'en démarquer. Et ce sont bien ses contextes de diffusion et de réception, dans une aire plus ou moins élitaire, qui font que cette grammaire est réputée « de référence » ou non. Par exemple, le fait que telle grammaire du français soit, en France, conseillée dans les classes préparatoires aux grandes écoles ou qu'elle soit officieusement exigée aux concours de recrutement du secondaire (ceux des capésiens et des agrégés de lettres modernes) suffit à l'instituer, pour un temps, « de référence » dans ce pays.

Dans le programme de recherche du GRAC de 2011, on lit que ce programme présuppose une clarification (je souligne), « *en particulier dans une perspective historique* », des « catégories de grammaires "savantes", "de

---

[42] Voir ci-dessus la citation de Voltaire dans le Littré.

référence", "universitaires", "ordinaires"... ». Une clarification qui ne me paraît pas des plus nettes, en 2022, l'histoire dûment contextualisée de ces « catégories » y étant peu présente.

3. À propos des « approches contrastives »

On trouve dans les sept articles du présent ouvrages douze occurrences de *constrative(s)* et aucune de *constratif(s)*. Dix d'entre elles sont dans l'article 3, dont cinq dans les titres de sa bibliographie, deux dans des articles en français (Debyser 1970 ; Besse 2005) et trois en anglais (James 2005 ; Mair 2005 ; Al-khresheh 2016). Articles à partir desquels Beacco argumente en faveur d'une réhabilitation, en didactique des L2, du « contrastif L1-L2 », malgré ce qu'il dit être « les évolutions tourmentées de cette hypothèse ».

Ce court passage de l'article 3 me paraît bien résumer sa thèse :

> Privilégier les éléments de [la] langue cible, dont l'appropriation est plus ou moins commandée par la langue première des apprenants [...], est une option qui a une longue histoire, celle des approches contrastives. On ne reviendra pas sur les évolutions tourmentées de cette hypothèse : on peut admettre *a minima* que toutes les erreurs ne proviennent pas du filtrage par la langue première mais que, si la linguistique contrastive n'est pas en mesure de prédire les erreurs des apprenants, elle peut rendre compte a posteriori de leur origine, spécialement celles de nature syntaxique et morphologique.

Trois autres articles de *D&RGFLE* usent, sans trop s'en réclamer ou incidemment, de ce « contrastif L1-L2 », comme s'il allait de soi en didactique des L2. Il s'agit des deux articles de sa première partie : l'article 1 de M.-C. Fougerouse et l'article 2 de S. Stratilaki-Klein. Et d'un de sa troisième partie, l'article 6 de Fr. Kakoyianni-Doa, M. Monville Burston, D. Loizidou, où il n'en est explicitement question que dans ce cotexte : « quelques étudiants adoptent une perspective contrastive ». Trois articles qui ont le grand mérite de ne pas s'en tenir à quelques exemples à même de justifier une « approche constrative » plutôt qu'une autre.

Pour son enquête, Fougerouse use d'un questionnaire écrit, intitulé « La grammaire en classe de FLE », qu'elle a conçu « pour faire émerger les représentations des apprenants sur l'enseignement de la grammaire en classe de FLE au sein de groupes de niveaux en contexte allophone semi-intensif », par quoi elle entend des classes où l'on apprend le français L2 dans quatre « centres de langues » de France. Un contexte qui n'est donc pas strictement FLE mais FLS (français langue seconde), ces apprenants ayant l'opportunité de « s'immerger », en dehors de leurs heures de classe, dans un environnement francophone tant oral qu'écrit. Il s'agit d'un « questionnaire standardisé comportant dix-neuf questions », chacune étant suivie « des items à choisir avec la possibilité d'ajouter des éléments si nécessaire ». Une seule de ces questions, la « 7. Pour comprendre la grammaire, comment faites-vous ? », contient deux items qui sont clairement « contrastifs » (« je compare avec ma langue maternelle » ; « je compare avec d'autres langues que je connais »), les trois autres pouvant l'être ou pas (« le professeur m'explique » ; « j'utilise les explications de la méthode » ; « autre : »). Quant au métalinguistique, il n'est présent que dans une seule question (« 8. Dans les explications, le professeur utilise du métalangage (nom, complément, COD, mode, etc.) ? »), une terminologie française bien peu « contrastive ».

L'article 2, de S. Stratilaki-Klein[43], me paraît exemplaire « de la nécessité présente d'une métalinguistique contrastive » (Besse 2005) en didactique des L2. Son objectif est « de repérer les contextualisations grammaticales effectuées par les enseignants [allemands de français L2] sur des faits de grammaire française qui semblent ne pas exister en langue allemande », ces faits étant en particulier les emplois de ce qui est dit « imparfait *vs.* passé composé » dans les grammaires du français. Son originalité est d'inscrire son propos « dans la perspective [...] de la construction interactive du sens [...], comme lieu où sont mis en évidence les opérations, les procédures, les processus par lesquels les énonciateurs rendent intelligibles et reconnaissables leurs visées discursives », un sens qui « émerge de l'interaction [...] de façon contextuelle ». Un sens proche donc de ce que j'appelle *signification* au début de cette postface, des significations dont la tradition grammaticale française ne tient guère compte, contrairement à la stylistique, tant lexicale que grammaticale, française. Stratilaki-Klein montre que la notion d'*Aktionsart*, traditionnelle dans les grammaires de l'allemand L1 mais que reprennent certains manuels allemands de français L2, peut être, pour des enseignant(e)s allemands de cette langue, un véritable « obstacle épistémologique » (l'expression est de Gaston Bachelard) quant à la compréhension qu'ils ont des valeurs aspectuelles de l'imparfait et du passé composé en français.

---

[43] Je ne dispose que d'une version non définitive de cet article.

L'article 6 de Kakoyianni-Doa, Monville Burston, Loizidou procède autrement que les deux précédents. Elles ont enregistré « le discours » de dix apprenants chypriotes, tous ayant appris l'anglais L2 avant le français L2, dans des entretiens « semi-directifs » en grec moderne (leur L1) portant sur « une sélection de constructions complétives » qui sont à même de leur poser problème(s) quant à la grammaticalité ou non en français de ces constructions. Six phrases leur sont proposées, « deux correctes » (« La directrice voudrait que tous les enfants soient à l'école à 7h30. » ; « Il est nécessaire d'avoir un passeport pour aller en Australie. ») et « quatre incorrectes » (« *Je voudrais d'aller faire du ski pendant les vacances. » ; « *Je souhaite mon frère de se marier avec ma meilleure copine. » ; « *Les autorités il faut assurer la sécurité des réfugiés. » ; « *Il est nécessaire d'il y a une bonne organisation dans une entreprise. »). Dans l'entretien individuel, chacun(e) de ces dix apprenant(e)s traduit ces six phrases en grec, est interrogé(e) sur « les formes grammaticales [...] à discuter », avant de « décider de la grammaticalité/non-grammaticalité » des six en français, en explicitant les raisons de sa décision. Un protocole d'ordre clairement contrastif L2-L1 qui est appliqué dans un contexte nettement FLE et plus ouvert que les deux précédents à l'oralité, en face à face, de chaque apprenant(e). Cet article 6 me paraît donc heureusement compléter les articles 1 et 2 quant à « l'approche contrastive » adoptée dans *D&RGFLE*.

Reste, selon Beacco dans sa citation ci-dessus, qu'on « peut admettre *a minima* que toutes les erreurs ne proviennent pas du filtrage par la langue première », que donc dans l'apprentissage du français L2, tant en contexte FLE que FLS, il existe des « erreurs » qui ne sont pas « interlinguales » (L1-L2 ou L2-L1) mais « intralinguales », liées à la L2 telle qu'elle est effectivement enseignée / apprise. Dans *Grammaires et didactique des langues* (1984), la troisième partie (rédigée par R. Porquier) consacre spécifiquement deux de ses chapitres (chap. 9 « Analyse contrastive et analyse d'erreurs » ; chap. 10 « L'interlangue et ses descriptions ») à ce type d'erreurs en montrant qu'il n'est pas toujours aisé de déceler quelle est la cause effective de telle ou telle « erreur », qu'elle soit interlinguale ou intralinguale. C'est d'ailleurs peut-être à ces deux chapitres que renvoient les « évolutions tourmentées de [l'] hypothèse » contrastive dont parle Beacco, une hypothèse sur laquelle il dit qu'il vaut mieux ne pas revenir.

Il me faut néanmoins y revenir brièvement, la réflexion didactique sur les erreurs intralinguales n'ayant guère progressée, à ma connaissance, depuis un demi-siècle. Certaines sont liées au « système » interne de la 2, certaines à « l'interlangue » transitoire auquel est parvenu tel apprenant à tel stade de son apprentissage, et d'autres à la manière dont cette L2 est enseignée, notamment dans les « exercices grammaticaux » déco(n)textualisés.

Celles liées au « système » de la L2 se retrouvent dans l'acquisition, non scolarisée, d'une L1. Par exemple, tel enfant francophone, de quatre ou cinq ans, peut dire à sa grand-mère presque centenaire : « C'est vrai Mémé que tu *mouriras un jour ? ». Accoutumé à dire *sortir-sortira*, *dormir-dormira*…, cet enfant a procédé de même pour un verbe, *mourir*, qu'il n'était pas accoutumé à dire au futur. Ferdinand de Saussure (1973 : 226–230) considère qu'on a là « une opération analogue au calcul de la quatrième proportionnelle », un calcul qu'on a longtemps enseigné dans les écoles primaires de France par des verbalisations du type : ce que *sortir* est à *sortira*, sa « proportion », *mourir* l'est à *mourira*, cette « quatrième proportionnelle » à trouver. Saussure voit dans ce calcul « un principe des créations de la langue » qui, « œuvre occasionnelle d'un sujet isolé », n'appartient « d'abord qu'à la parole », mais qui peut finir par relever de « la langue », l'analogie qui le fonde étant « toute entière grammaticale et synchronique ». Dans ses « interlangues » successives, l'apprenant d'une L2 progresse souvent par des essais-erreurs de ce type.

Quant aux exercices grammaticaux à même de susciter ce même type d'opération, j'en évoquais un (1984 : 170) : il peut arriver, à tel apprenant qui a « automatisé » en français L2 « *à demain, à midi, à ce soir* », de dire « **à hier, *à aujourd'hui* » ; Porquier, en évoque un autre (*ibid.* : 184) : l'apprenant qui s'est approprié *je suis chez moi / je viens de chez moi / je vais chez moi* ainsi que *je suis de Paris, à la poste / je viens de Paris, de la poste / je vais à Paris, à la poste* se pensera autorisé à dire **je vais la poste* ou **je vais à chez moi*.

4. À propos du savoir des grammairiens et des lexicographes vs. le savoir des didacticiens des L2

Le mot *grammaire* (issu du latin classique *grammatica*, calque du grec *grammatikê*, « savoir des *grammata* ou art de lire et d'écrire les lettres »[44]) date du début du XIIe siècle, d'abord au sens du « premier des arts libéraux

---

[44] Je m'appuie essentiellement sur le *TLFI* (*Trésor de la langue française informatisé*) datant de 1994.

[…] qui comprenait l'étude du langage correct et de la littérature », puis au sens (je souligne) « *livre destiné à l'enseignement scolaire* » ; c'est au début du XIIIe siècle, un siècle plus tard, que *grammaire* prend le sens de « science des règles du langage ». Le mot *lexique* date, quant à lui, du début du XVIIIe siècle, celui de *lexicon* (du grec *lexikon*, de *lexis* "mot") ayant en français précédé *dictionnaire* de la mi-XVIe siècle jusqu'à la mi-XVIIe siècle.

Les mots français *grammaire* et *lexique* tiennent donc leur(s) sens, y compris actuel(s), de deux savoirs antiques gréco-latins d'origine savante ayant pour objet non l'oralité du grec et du latin mais leur (trans)scription en lettres-mots-phrases, (trans)scription qui n'allait pas sans poser problème quand on utilisait, particulièrement en classe, des textes en *scriptio* ou *scriptura continua* (sans ponctuation, sans espaces entre mots, sans majuscules au début des « phrases »…). Deux savoirs qui se caractérisent encore de nos jours par leur *radicale abstraction du réel langagier*, celui dont on a l'expérience quand on dialogue en face-à-face dans une ou plusieurs variétés d'une même langue. S'abstraire de ce vécu langagier pour raisonner en grammairien ou en lexicographe ne va pas de soi pour qui n'a pas été scolairement accoutumé à leurs grammaires et dictionnaires. Rares sont les grammairiens ou les lexicographes à avoir dûment explicité ce que leur activité savante pré-requiert. Bornons-nous à rappeler ce qu'en ont dit un « grammairien-philosophe » de la première moitié du XVIIIe siècle et un « linguiste-philosophe » de la seconde moitié du XXe siècle.

On sait que César Chesneau Dumarsais fut le premier grammairien à œuvrer pour l'*Encyclopédie* de Diderot et d'Alembert[45]. Il y est l'auteur d'un article *Abstraction* (vol. 1, 1751) qui en traite d'un point de vue *philosophique*, au sens où était alors entendu ce qualificatif (pour une « lecture » historisante de ce article, voir Besse 2020). Après y avoir rappelé que « ce mot vient du latin *abstrahere*, arracher, tirer de, détacher », il y précise ce qu'on entend par l'acte d'abstraire (je souligne) :

> L'abstraction est une opération de l'esprit, par laquelle, à l'occasion des impressions sensibles des objets extérieurs, ou à l'occasion de quelque affection intérieure, nous nous formons par réflexion un concept singulier, que nous détachons de tout ce qui peut nous avoir donné lieu de le former ;

---

[45] Le dernier article qui lui est attribué est celui de *Grammairien* (vol. 7, 1757), l'article *Grammaire* (*ibid.*), qui précède celui-ci, est de Nicolas Beauzée.

> *nous le regardons à part comme s'il y avoit quelque objet réel qui répondit à ce concept indépendemment de notre maniere de penser* ; & parce que nous ne pouvons faire connoître aux autres hommes nos pensées autrement que par la parole, *cette nécessité & l'usage où nous sommes de donner des noms aux objets réels, nous ont portés à en donner aussi aux concepts métaphysiques dont nous parlons.*

Il en résulte que « l'usage où nous sommes tous les jours de donner des noms aux objets des idées qui nous représentent des êtres réels, nous a porté à en donner aussi par imitation aux objets métaphysiques des idées abstraites [...] : ainsi nous en parlons comme nous faisons des objets réels », ce qui conduit souvent à prendre « l'illusion, la figure, le mensonge » pour « la vérité ».

Pour Jean-Claude Milner, dans son *Introduction à une science du langage* (1989 : 44), le *factum grammaticae* (le fait que « les langues soient descriptibles en termes de propriétés » grammaticales) présuppose « qu'on puisse attribuer des propriétés à une formation langagière sans avoir aucun égard ni à celui qui la profère ni à son éventuel destinataire ni aux circonstances de la profération. D'où il suit que certaines de ces propriétés seront hors circonstances, c'est-à-dire constantes. » C'est de ce *factum grammaticae* que, selon lui, « la langue saussurienne tire ses caractères de constance et d'abstraction, par indépendance à l'égard des circonstances de profération » (*ibid.*). D'où l'assomption qu'il n'y a « science » grammaticale que si le cotexte de la « formation langagière » étudiée n'outrepasse pas « la phrase » (*id.* : 482) et surtout que si ce cotexte phrastique est abstrait de son contexte effectif.

Cette abstraction est-elle transposable à l'objet que se donnent les didacticiens des L2 ? L'acte d'enseigner / apprendre une L2, en particulier quand il s'agit d'apprendre à la parler comme la parlent ordinairement ses natifs, peut-il être aussi radicalement abstrait des contextes dans lesquels il est effectué ? On peut en douter. Dans les méthodologies de cet enseigner / apprendre, celle qui me paraît avoir été la plus attentive aux contextes et cotextes du « linguistique » enseigné / appris, en particulier quand on a affaire à des débutants, c'est le SGAV[46], une méthodologie que Petar Guberina, l'un de ses initiateurs, résumait dans des formulations dont ni Saussure ni Bally ne sont absents : « la base » de cette méthodologie « est la parole en situation » (Guberina 1974 : 53), une parole orale telle

---

[46] Méthodologie Structuro-Globale Audio-Visuelle.

que pratiquée ordinairement en face-à-face par les natifs d'une langue et telle qu'elle peut être simulée audio-visuellement en classe pour enseigner / apprendre cette langue en tant que L2. Une option qui relève, selon Guberina, d'une « linguistique de la parole », où *parole* n'est pas entendu strictement au sens que Saussure prêtait à ce mot dans son *Cours* mais au sens que Bally prêtait à *stylistique*. La thèse que soutint Guberina en Sorbonne en 1939, « à la suggestion de Charles Bally » (M. Berré 2005[47] : 7), n'est-elle pas intitulée *Valeur logique et valeur stylistique des propositions complexes en français et en serbo-croate* ?

Pour conclure, un bref retour au mot *postface*. L'article que Wikipédia lui consacre comprend une brève « histoire du mot » qui innove par rapport à la *doxa* des dictionnaires du français publiés avant 2000 : *postface* a été introduit en français non pas en mars 1736 par Voltaire mais, six ans plus tôt, par Louis Coquelet dans l'un de ses ouvrages, *L'Éloge de rien / dédié à personne / avec une postface*, paru en 1630[48].

Cette « histoire » débute par deux phrases dont la seconde (me) pose question : « En français, le mot *postface* est formé du préfixe latin *post-* et de l'élément formant *-face*, tiré du mot *préface*. L'équivalent en français pur [*sic*] est donc **après-propos**[49]. » Que faut-il y entendre par *français pur* et quelle est la valeur de ce *donc* ? Cette conjonction est-elle la marque de la conclusion d'un syllogisme dont la première phrase serait la seule prémisse ? Sans doute pas, du moins si l'on s'en tient à ce que disent l'Académie française et le *TLFI* du mot *syllogisme,* même si celui-ci est moins catégorique[50] que celui-là[51]. Deux dictionnaires, réputés tenants sinon d'un « français pur » du moins d'un français soutenu ou littéraire, où l'on cherche en vain *après-propos*.

---

[47] Il s'agit des actes de la « Journée d'études organisée par la SIHFLES » à l'université de Mons-Hainaut en juin 2004.

[48] Ce qui n'est pas sans conséquence « stylistique » quant à « la postface à M. Thiriot » dont parle Voltaire.

[49] En gras dans le texte Wikipédia.

[50] « Raisonnement déductif formé de trois propositions, deux prémisses (la majeure et la mineure) et une conclusion, tel que la conclusion est déduite du rapprochement de la majeure et de la mineure. »

[51] « Raisonnement composé de trois propositions, la majeure, la mineure et la conclusion. […] *La conclusion du syllogisme doit être contenue dans les deux premières propositions appelées prémisses.* » Il s'agit de sa 8ᵉ édition (1935), l'actuelle n'étant parvenue, fin 2023, qu'à *sommairement*.

Le collaborateur de Wikipédia qui a rédigé cette « histoire » de *postface* s'est peut-être trop autorisé, pour ce qui est de son *français pur*, de « la quatrième proportionnelle » selon Saussure. Laquelle oublie que « le vrai » en matière de logique ou de mathématique n'est pas nécessairement « le vrai » en matière de bon usage d'une langue. Quintilien (1975 : 1.6.16) considérait déjà que l'analogie en matière de langue « ne s'appuie pas sur un principe rationnel, mais sur des exemples ; [qu'] elle n'est pas une loi du langage, mais plutôt l'observance d'une pratique, de sorte qu'elle n'est issue de nulle part ailleurs que de l'usage. »

Bibliographies des références

Al-khresheh, Mohammad Hamad, 2016, "A review study of contrastive analysis". *Journal of Advances in Humanities and Social Sciences*, 6, 330–338.

Arrivé, Michel, Gadet, Françoise & Galmiche, Michel, 1986, *La grammaire d'aujourd'hui : guide alphabétique de linguistique française*. Paris (France) : Éditions Flammarion.

Berré, Michel, édit., 2005, Linguistique de la parole et apprentissage des langues. Questions autour de la méthode verbe-tonale de Petar Guberina. Mons (Belgique) : éditions du CIPA.

Besse, Henri, 1974, « Les exercices de conceptualisation ou la réflexion grammaticale au niveau 2 ». *Voix et Images du CREDIF*, n° 2, Nouvelle série, 38–44.

Besse, Henri, 2005, « De la nécessité présente d'une métalinguistique contrastive », in : Marie-Anne Mochet et al. , (eds), *Plurilinguisme et apprentissages. Mélanges Daniel Coste*. Lyon : École normale supérieure, Lettres et sciences humaines, 71–87.

Besse, Henri, 2018, « Un point de vue rétrospectif sur les "exercices de conceptualisation" ». *Recherches en didactique des langues et des cultures*, mis en ligne le 02 janvier 2018. URL : < http://journals.openedition.org/rdlc/2650 ; DOI:10.4000/rdlc.2650 >.

Besse, Henri, 2020, « A propos de l'article "Abstraction" de Dumarsais dans l'Encyclopédie », In-pertinences n° 1, « Penser les diversités linguistiques et culturelles. Francophonies, formations à distance, migrances », vol. 2. En ligne : < https://dynadiv.univ-tours.fr/in-pertinences/debats-et-essais-522869.kjsp?RH=1491387470823 >.

Besse, Henri, 2023, « Pour aider à reconceptualiser la notion de contexte en didactique des langues », dans *Contextes et pratiques langagières en français langue étrangère ou seconde*. Arras : Artois Presses Université.

Debyser, Francis, 1970, « La linguistique constrastive et les interférences ». *Langue française* 8, 31–61.

Guberina, Petar, 1974, «La parole dans la méthode structuro-globale audio-visuelle ». *Le français dans le monde*, 103, 49–54.

Hawkins, Roger & Towell, Richard, 2015, *French Grammar and Usage*. Londres : Routledge.

James, Carl, 2005, *Contrastive analysis and the language learner*. Dans D J. Allerton, Cornilia Tschichold & Judith Wieser (Eds). *Linguistics, Language Teaching and Language learning*, 1–20.

Jubb, Margaret & Rouxeville, Annie, 2014, *French Grammar in Context*. Londres : Routledge.

Lado, Robert, 1957, *Linguistics across Cultures : Applied Linguistics for Language Teachers*. Ann Arbor : University of Michigan Press.

Mair, Christian, 2005, Recent advances in contrastive linguistics and language typology: the spin-off for language teachers, in : D. J. Allerton, Cornilia Tschichold & Judith Wieser (eds). *Linguistics, Language Teaching and Language learning*, 21–39.

Milner, Jean-Claude, 1989, *Introduction à une science du langage*. Paris : éditions du Seuil.

Quintilien (1975) [fin du 1er siècle] : Institution oratoire. Texte établi et traduit par Jean Cousin. Paris : Les Belles Lettres.

Riegel, Martin, Pellat, Jean-Christophe & Rioul, René, 2014, *Grammaire méthodique du français*. Paris (France) : Presses universitaires de France (PUF).

Saussure, Ferdinand de, 1973, [1916], *Cours de linguistique générale, édition critique préparée par Tullio de Mauro*. Paris : Payot.

Index d'auteurs

Achard-Bayle 68
Al-khresheh 66, 148
Alzire 141, 142
Arbatchewsky-Jumarie 61
Arrivé 35, 45, 46, 49, 64, 90
Auroux 35
Ausgabe 35
Austin 80
Azzopardi 35, 41

Babiniotis 102, 103
Bally 143, 153, 154
Balslev 108
Bardin 107
Bartning 120
Baylon 38, 41
Beacco 11, 13, 19, 23, 57, 58, 64, 65, 67, 68, 73, 119, 143, 145, 148, 150
Beauchamp 67
Beauzée 35, 152
Benveniste 35, 134
Berré 154
Berthonneau 38
Berthoud 39
Besse 11, 19, 25, 37, 57, 63, 141, 142, 144, 148, 149, 152
Besse et Porquier 11
Blanche-Benveniste 35, 134
Blondeau 42, 44
Blondin 43

Blum-Kulka 81
Bouard 36
Bres 35, 38, 41
Brown 78
Bruley 42
Bruneau 38

Chalker 89, 90
Charaudeau 59
Chervel 87
Chesneau Dumarsais 152
Chevalier 35, 42, 58, 90
Chevallard 48
Chiss 37, 41
Christidis 103
Cirey 141, 142
Clairis 102, 103
Cohen 106
Conseil de l'Europe 106
Coste 11, 19, 61
Courtillon 59
Culioli 37
Cuq 11, 19, 42, 110

Dabène 66
Dahlet 65
Damourette 41, 43, 132
De Salins 11, 19, 25
de Saussure 37, 143, 151
De Singly 20
Debyser 66, 145, 148

Deming 143, 144
Desclés 37, 39
Deutsche 35
Dominicy 44
Dubois 44, 59
Ducrot 36

Ellis 110

Fabre 38, 41
Fairon 89
Filliolet 37
Fléchon 61
Forlot 67
Fougerouse 12, 19, 21, 148
Fouillet 15, 27, 67
Franckel 62
Frassi 61

Gaci 13, 87, 145–147
Gadet 61, 64, 145
Galmiche 64, 145
Gardes-Tamine 38
Giono 131
Goffman 39
González Rey 60
Goosse 90
Grevisse 38, 42, 44, 90
Gross 60
Gruca 42
Guberina 144, 153, 154

Hawkins 91, 94, 146, 147
Holton 102–104
Houck 79
Huot 118
Hymes 61

Iordanidou 118

James 66, 148
Jubb 91, 92, 94, 146

Kahn 143
Kakoyianni-Doa 14, 101, 104, 105, 148, 150
Kalmbach 12, 36, 68, 118, 145
Kartal 57
Kerbrat-Orecchioni 78
Kleiber 38
Klett 35
Kozareva-Levie 37, 42

Lachet 37
Lado 145
Lang 73, 147
Larreya 89
Le Goffic 102
Lebas-Fraczak 37
Lejeune 59
Levinson 78
Littré 141, 142, 147
Loizidou 14, 101, 148, 150
Luzatti 146
Luzzati 14, 125

Maingueneau 35, 37, 41, 42, 48
Mair 66, 148
Meissner 67
Mel'čuk 61
Melis 62
Milner 153
Monville Burston 14, 101, 104, 105, 148, 150

Niedzielski 68

Paillard 62
Pariente 40

Index d'auteurs

Paveau 68
Peeters 37, 38
Pellat 61, 93, 102, 132, 145, 146
Pérez 73, 147
Peytard 35
Phèdre 58
Philippaki-Warburton 103
Pichon 41, 43, 132
Pienemann 120
Pinchon 102
Polguère 61
Porquier 11, 19, 25, 57, 143, 150, 151
Preston 68
Purpura 119

Quintilien 155

Raillard 59
Rebotier 38
Repiso 42
Riegel 40, 42, 43, 61, 90, 93, 102, 132, 145, 146
Rioul 61, 93, 132, 145, 146
Rivenc 144
Rivière 89
Robert 102, 141
Ronveaux 108
Rouxeville 91, 92, 94, 146
Ruiz de Zarobe 13, 73, 147
Russo 106

Samain 50
Sandfeld 118
Saussure 37, 143, 151, 153–155
Schlyter 120
Schogt 38
Searle 80
Simon 89
Stratilaki 12, 35, 36, 39, 40, 42, 148, 149
Stratilaki-Klein 12, 35, 36, 39, 40, 42, 148, 149
Swain 106

Tatsuki 79
Thiriot 141, 142, 154
Touratier 38
Towell 91, 94, 146, 147
Tsangalidis 103
Tsouctidi 105

Van Beveren 108
Veloudis 103
Vigner 22
Voïla 105, 139
Voltaire 141, 142, 147, 154

Wagner 102
Warburton 103
Weiner 89, 90
Wilmet 69, 87, 90

Index de mots-clés

acquisition 14, 57, 66, 108, 119, 120, 151
activités métalinguistiques 43, 63, 65
apprenants allemands 44-46, 50
apprenants allophones 15, 68
apprenants anglophones 13, 83, 88, 94, 99, 147
apprenants chypriotes hellénophones 14, 101
apprenants germanophones 12
apprenants non natifs 13
apprenants plurilingues 43
approche actionnelle 19, 26, 28, 30
appropriation de la grammaire 12, 19
auto-apprentissage 21, 23, 32
autoévaluation 26
autonomie 25, 42

Cadre européen commun de référence pour les langues 19, 59
CECR 106
CECRL 19, 23
classe de langue 12, 19, 27
communication 13, 22, 24, 27, 29, 39, 61-64, 78, 80, 81, 88, 107
compétence communicative 65
compétence grammaticale 20, 25, 28, 120
compétences 19, 23-26, 29, 63

compréhension 13, 23, 24, 26, 27, 30, 45, 58, 63, 66, 67, 87, 99, 141, 149
conception polyphonique 36
conceptualisation 25, 32, 45, 50, 115, 118, 119, 144
contexte 12, 14, 19-22, 26, 28, 37, 39, 42, 43, 45, 49, 50, 58, 61, 64, 73, 75, 88, 143, 144, 147, 148, 150, 153
contexte allophone 12, 19-22, 26, 148
contextualisation 12, 13, 15, 36, 43, 46-50, 65, 67, 94, 143, 144, 149
contextualisations grammaticales 12, 36, 149
contextualisé 13, 46, 68, 83, 94
contextualisée 42, 68, 74, 83, 145, 147, 148
contextualiser 46, 105
contextuelle 36, 149

décontextualisés 40
description 12, 13, 28, 36, 39, 41, 43, 44, 48, 49, 57, 58, 60, 61, 63, 65, 67, 73, 74, 76, 78, 92, 105, 107, 144, 145
descriptions 11-13, 15, 43, 55, 57-60, 62-64, 66-69, 90, 99, 146, 150

didactique 11, 36, 64, 66, 67, 69, 142, 143, 145, 148–150
didactisation 27, 45, 50
difficultés grammaticales 13
discours grammatical 11, 13, 14, 68, 73, 76, 83, 93–95

enseignement grammatical 30
évaluation 26
explications 21–24, 26–28, 32, 36, 43, 49, 58, 74, 75, 88, 89, 94, 95, 105, 106, 114, 149
explications grammaticales 22, 23, 74, 88, 94

FLE 12, 13, 19, 20, 22, 24, 25, 30, 32, 36, 42, 43, 45, 105, 106, 111, 114, 119, 142, 148–150
français langue étrangère 11, 12, 15, 19, 43, 64, 73, 80, 87, 88, 142, 143

Grammaire actuelle et contextualisée 68, 145
grammaire de référence 11, 73, 91, 146, 147
Grammaire et contextualisation (GRAC) 143
Grammaires et contextualisation (GreC) 67
grammaires scolaires 35, 44, 60
grammaticalisation 14, 125, 127, 132–134
grammaticalisé 12, 30

implicites contextuels 40
interaction 36, 39, 61, 64, 65, 75, 82, 149
interlangue 14, 48, 63, 64, 105, 150, 151

interprétations du contexte 39

langue cible 11, 24, 25, 29, 57, 58, 66, 68, 88, 110, 144, 148
langue française 12, 21, 25, 30, 61, 106, 141, 151
langue maternelle 11, 12, 24, 27, 28, 32, 50, 57, 87, 106, 110, 114, 117, 149
langue première 11, 13, 26, 45, 65–68, 73, 99, 141, 148, 150
linguistique 11, 21, 24, 29, 38, 43, 59, 64, 66, 68, 73, 77, 83, 88, 143–145, 148, 153, 154

métalangage 25, 26, 32, 95, 149
métalinguistique 11, 13, 23, 26, 66, 101, 120, 144, 149
Modern French Grammar 13, 73, 74, 147

production 15, 23, 26, 33, 36, 57, 58, 63, 64, 99, 101, 105, 106, 114, 120, 145

références temporelles 12, 35
représentation 37, 48, 59, 99, 118, 127
représentations 11–15, 17, 19–21, 27, 36, 37, 48, 50, 67–69, 82, 95, 106, 114, 142, 148
représentations langagières 50
représentations métalinguistiques 48, 69, 114

systématisations 65

variations 11, 23, 25, 40, 61, 119, 128, 131, 144

Champs didactiques plurilingues : données pour des politiques stratégiques

La collection «Champs didactiques plurilingues» vise à promouvoir les travaux et recherches autour de l'enseignement / apprentissage des langues étrangères autour du triple ancrage sujets – objets – contextes et de leurs dynamiques propres et interagissantes. La collection se déploie sur trois volets : un volet "La recherche en mouvement" destiné aux chercheurs, aux étudiants-chercheurs et aux praticiens-chercheurs ; un volet "Savoirs pour savoir faire" destiné plus particulièrement aux étudiants, aux praticiens et aux décideurs; un volet "Échanges de la recherche" pour des articles écrits à partir de communications de colloques et congrès.

«Champs didactiques plurilingues» publie des livres en anglais, français, espagnol ou portugais et un partenariat avec la revue Matices en Lenguas Extranjeras de l'Universidad Nacional de Colombia (https://revistas.unal.edu.co/index.php/male/index) permet aux auteurs de publier un podcast de présentation de leur ouvrage (https://www.youtube.com/watch?v=f8ac5nccwM&list=PLktj7abiVwJohkkWimsHEajIG_J6PQjEQ).

Directeur de collection: Patrick Chardenet

Comité scientifique

Frédéric Anciaux, INSPE Guadeloupe (France)
Maria Helena Araújo e Sá, Universidade de Aveiro (Portugal)
Philippe Blanchet, Université de Haute Bretagne Rennes 2 (France)
Jean-Marc Defays, Université de Liège (Belgique)
Christian Degache Université de Grenoble Alpes (France)
Fred Dervin, Helsingfors Uniersitet (Finlande)
Piet Desmet, Katholieke Universiteit Leuven (Belgique)
Olivier Dezutter, Université de Sherbrooke (Canada)
Enrica Galazzi, Università Cattolica del Sacro Cuore (Italie)
Laurent Gajo, Université de Genèva (Suisse)
Tony Liddicoat, University of Warwick (Royaume-Uni)
Eliane Lousada, Universidade São Paulo (Brésil)
Bruno Maurer, Université Paul Valéry, Montpellier 3 (France)
Dominique Macaire, Université de Lorraine (France)
Danièle Moore, Simon Fraser University (Canada)
Christian Ollivier, Université de La Réunion (France)
Rosana Pasquale, Universidad Nacional de Luján (Argentine)
Fabián Santiago, Université Paris 8 Vincennes - Saint-Denis & CNRS (France)
Haydée Silva, Universidad Nacional Autónoma de México (Mexique)
Francis Yaiche, Université de Paris (France)

Ouvrage parus

Savoirs pour savoir faire

Vol. 1 – Laurent Puren et Bruno Maurer (dir.), *La crise de l'apprentissage en Afrique francophone subsaharienne. Regards croisés sur la didactique des langues et les pratiques enseignantes.* 2018.

Vol. 3 – Kaouthar Ben Abdallah et Mohamed Embarki, *Éducation et formation en contexte plurilingue maghrébin. Problématiques entre didactique et politique linguistique éducative.* 2020.

Vol. 4 – Maria Helena Araújo e Sá & Carla Maria Ataíde Maciel (eds.), *Interculturalidade e plurilinguismo nos discursos e práticas de educação e formação. Contextos pós-coloniais de língua portuguesa.* 2021.

Vol. 9 – Haydée Silva (dir.), *Regards sur le jeu en didactique des langues et des cultures. Penser, concevoir, évaluer, former.* 2022.

Vol. 10 – Jean-Marc Mangiante et Chantal Parpette (dir.), *État de la recherche en FOS et en FOU.* 2022.

La recherche en mouvement

Vol. 2 – Jue Wang Szilas, *Apprendre des langues distantes en eTandem. Une étude de cas dans un dispositif universitaire sino-francophone.* 2020.

Vol. 5 – Pierre Demers, *Elements of Second and Foreign Languages Teaching to Indigenous Learners of Canada. Theories, Strategies and Practices.* 2021.

Vol. 6 – Francisco Lorenzo, Virginia de Alba Quiñones, Olga Cruz-Moya (eds.), *El español académico en L2 y LE. Perspectivas desde la educación bilingüe.* 2022.

Vol. 7 – Zehra Gabillon, *Apprentissage de langues additionnelles dans un cadre scolaire plurilingue. Langues autochtones, étrangères, régionales et patrimoniales.* 2022.

Vol. 8 – Marie-Anne Châteaureynaud, *Sociodidactique du plurilinguisme et de l'altérité inclusive. Des langues régionales aux langues des migrants.* 2022.

Vol. 11 – Rita Carol, *Enseigner une matière scolaire dans une langue étrangère. Des théories aux pratiques.* 2022.

Vol. 12 – Zehra Gabillon, *Learning additional languages in plurilingual school settings. Autochthonous, foreign, regional and heritage languages.* 2022.

Vol. 13 – Marie-Anne Chateaureynaud and Peter John (eds.), *LSP Teacher Training Summer School. The TRAILs project.* 2023.

Vol. 14 – Maria Helena Araújo e Sá, Paulo V. Feytor Pinto S. de Faria, & Susana Pinto (eds.), *Mobilidade internacional de estudantes do ensino superior na CPLP: questões de língua e cultura.* 2023.

Échanges de la recherche

Vol. 15 – Fryni Kakoyianni-Doa et Sofia Stratilaki-Klein (dir), *Discours et représentations grammaticales du Français Langue Étrangère.* 2023.

www.peterlang.com

www.ingramcontent.com/pod-product-compliance
Lightning Source LLC
Chambersburg PA
CBHW020124010526
44115CB00008B/961